≡ 昌明文庫‧悅讀人物 ≡

曾國藩

的智慧

高蹤嘯 編著

前　言

在中國近代史上悲劇色彩濃重的晚清時代，出現了一個出類拔萃的人物，在內憂外患，沒有國家財力支持的艱難情況下，他成為了治國平天下、修身齊家的出色楷模，他被人評價為：「立德立功立言三不朽，為師為將為相一完人。」

——他，便是「中興第一名臣」曾國藩。

曾國藩可稱為近百來的風雲人物之一，同輩及後輩莫不將他奉為泰山北斗。他創建了名震一時的湘軍，治軍有方，有謀有略，可堪比古代著名兵家；他從不擁兵自重，善權變而又懂得謙退；在平步青雲之後不濫用其威權，大權在握之時絕不損公肥私，或肥其親族；他治家有方，關懷兄弟及子女，注重教育，其正直廉潔忠誠之德行，足以為後世人之榜樣。

曾國藩於一八七二年病逝於南京兩江總督衙署，消息傳開後，清廷表現出了對其極大的悼懷，同治皇帝對曾國藩及家人給予了賞賜與憂撫。許多曾國藩的門生、親戚、友人等紛紛通過輓聯、撰寫祭文等來表達心中的哀思。曾國藩的祭祀活動極為盛大，維繫了一百多天。

其人雖逝，但關於他的討論從未停止，許多人都從不同的角度探討過曾國藩做人做事成功的原因，包括其幕僚也在不同場合談過這個

問題。薛福成，曾國藩門下的弟子之一，亦是其心腹幕僚，他認為曾國藩之所以能成功的原因在兩個方面，「以克己為體，以進賢為用」，前者是指修身，後者是指用人，正因為其堅持了這兩點，才使自己在仕途上、個人修養品德上不斷取得突破。

毛澤東與蔣介石在對曾國藩的評價上有著驚人的一致，毛澤東對黎錦熙說：「愚於近人，獨服曾文正，觀其收拾洪楊一役，完滿無缺。使以今人易其位，其能如彼之完滿乎？」蔣介石對蔣經國說：「至於中文讀書寫字之法，在曾公家訓與家書中言之甚詳。你們如能詳看其家訓與家書，不特於國學有心得，必於精神道德皆可成為中國之政治家，不可以其時代已過而忽之也。」

國民黨中的政治家宋教仁也對其有著正面評價：「曾國藩、左宗棠者，起自布衣書生，而能摧陷大敵，人奉為宗。其是非無足論，觀其識度，無忝英雄。」

曾國藩生前極重視修身、學習，從不懈怠。他注重古代先哲們的經驗，通讀古籍，善於從經典書籍中吸取營養與精髓，也在某種程度上幫助他超越自己。他極擅長學習各種謀略，並其所學運用於實踐中，在歷經無數成敗之後，總結出屬於自己的智慧結晶。他的這些人

生智慧結晶體現在對於人情世故與險惡形勢前的隨機應變上，既助自己度過難關，又讓後人有了學習的機會。

本書通過從曾國藩的書信、日記裡摘錄的有深刻意義的箴言，來使世人們獲得對人對事的領悟與理解，極具啟發性意義。從這些短小精悍的箴言裡，可以瞭解到曾國藩是如何從一個資質平平、沒有背景的普通人登上歷史舞臺，成就輝煌事業的全過程，還能看到他如何從一次次的窘迫、委屈、猜忌、挫折中站起來，直面逆境與不平的奮鬥之路。這場中國式勵志的全過程一定能讓讀者從中領悟一些深刻的道理。

本書語言輕鬆、通俗易懂，圍繞勵志、處事、做官、德行、治家、治學等幾個方面來揭開曾國藩的成功密碼，每一部分內容豐富，意蘊深遠，具有極強的現實意義，為讀者提供可資實踐的「晚清第一人」的寶貴經驗的同時，還能使讀者們獲得一次心靈上的修行與洗禮。希望這些精心挑選出來的箴言能為廣大讀者在事業發展、為人處世、學習奮鬥中提供良好的幫助。

CONTENTS

第二章　精明也要十分，只須藏在渾厚裡作用
　　　　──處世篇

第三章 利可共而不可獨，謀可寡而不可眾
——為官篇

第四章　多言不若守靜，多才不若蓄德
——德行篇

第五章　出死入生寧不易，各宜努力去修身
　　　　　——修身篇

第六章　家中興衰，全繫乎內政之整散
　　　　　——治家篇

第七章　高明由於天分，精明由於學問
　　　　　——治學篇

一

人苟能自立志，
則聖賢豪傑

——勵志篇

一

志之強者，能獨立不懼

1・君子之立志也，有民胞物與之量，有內聖外王之業，而後不忝於父母之所生，不愧為天地之完人。

▌翻譯

　　君子立下志向，是想讓自己有為民請命的器量，有聖人一般的德行，有雄霸天下的功業，然後才不辜負父母對自己的養育之恩，不愧為天地間完善的人。

▌點評

　　本句源自曾國藩的書信〈道光二十二年十月二十六日致諸弟〉。在信中，曾國藩以兄長的身份針對每個弟弟的實際情況，做了相對應的「指導」與「說教」，尤其針對了六弟國華。

　　在大哥眼裡，國華是個自命不凡、眼高手低的人，當時正參加科舉考試，但是成績並不理想，然而他並沒有從自己身上找原因，而是怨天尤人，大發牢騷脾氣。

　　曾國藩在信中告誡六弟「屈於小試」，實為胸襟狹窄的緣故，他

寫道：「君子之立志也，有民胞物與之量，有內聖外王之業，而後不忝於父母之所生，不愧為天地之完人。」

「民胞物與」與「內聖外王」分別出自北宋理學家張載的《西銘》以及道家學派經典著作《莊子》之〈天下〉篇。前者反映了理學的博愛，後者展示出一種儒學思想的理想人格。

深受儒學和理學影響的曾國藩藉此表達自己的觀點：身為男兒，思想就應該上陞到一個高度。他對國華指出，要多想想自己與那些天地完人之間的差距，心里保持有憂慮感，要立志做個強者。曾國藩對弟弟的深深關愛之情躍然紙上，令人感慨羨慕不已。

關於立志，曾國藩還曾說過：「求變之法，總須先立堅卓之志，但能日新又新，百倍其功，何患不變化氣質，超凡入聖？凡人才高下，視其志趣。卑者安於流俗庸陋之規，而日趨污下，賢者慕往哲隆盛之軌，而日趨高明。賢否智愚，所由區矣。」

曾國藩一生官運亨通，為人通達，在平步青雲之後仍不忘不斷提高自己，鞭策自己不斷向上，其積極向上的精神讓後世之人欽佩萬分。

2・人苟能自立志，則聖賢豪傑何事不可為？何必借助於人？

▌翻譯

人如果能立志，那麼聖賢豪傑也可以做到，又何必借助於他人！

▌點評

本句摘自曾國藩的書信〈道光二十四年九月十九日致諸弟〉。這封信中還寫道：「『我欲仁，斯仁至矣。』我欲為孔孟，則日夜孜孜，惟孔孟之是學，人誰得而御我哉？若自己不立志，則雖日與堯舜禹湯同住，亦彼自彼，我自我矣，何有於我哉？」曾國藩一直堅信，無論做何事，人都要「立堅卓之志」，並且「日夜孜孜」，這樣才會成功。

古語云：「志不求易，事不避難。」當你立下一個大志向，那麼也代表你需要用更大的毅力、決心、努力去實現這個志向。假如你沒有志向或者空有志向而不去刻苦鑽研，那麼就算你身邊有聖人有豪傑，你也做不到他們那樣，甚至更突顯出你的平庸來。

曾國藩說過這樣一句話：「古稱『金丹換骨』，余謂立志即丹也。」他將立志看成一個人「換骨成仙」的靈丹，一個偉大的志向對他來說就像賜予第二次生命。

唐朝有一孤兒名叫陸羽，被智積禪師撫養長大。陸羽雖身在佛

門，卻不愛經文，決定下山求學。智積禪師給他出了一個難題，讓他學習沖茶。意志堅定的陸羽開始認真鑽研茶藝，經過一番努力，終於將一杯茶香滿溢的苦丁茶端到禪師面前。看到陸羽如此堅定讀書的志向，禪師終於答應了他的要求。後來，陸羽著作了流傳至今的《茶經》，將茶藝文化發揚光大。

志向決定格局，更決定一個人的事業發展。陸羽這種積極進取、堅定志向的精神也正是曾國藩想要幾位兄弟領悟的。

曾國藩深知擁有志向並為之勤奮努力的重要性，所以他也給自己樹立一些遠大志向，正如他說過的：「古人患難憂虞之際，正是德業長進之時，其功在於胸懷坦夷，其效在於身體康健。聖賢之所以為聖賢，佛家之所以成佛，所爭皆在大難磨折之日，將此心放得實，養得靈，有活潑之胸襟，有坦蕩之意境，則身體雖有外感，必不至於內傷。」

曾國藩意識到，一個人自身的修養同內聖外王的心靈終究是有很大距離的，因此日後他時時以「不為聖賢，便為禽獸；莫問收穫，但問耕耘」為座右銘，勉勵自己。

3・男兒自立，須有倔強之氣。

▌翻譯

男兒大丈夫要想自立成才，性格上必須要具備不屈的倔強氣概。

▌點評

本句摘自曾國藩的書信〈同治三年六月十六日致沅弟〉。他在信中向國荃闡述了「倔強」兩字對男兒立志的重要性。

曾國荃是曾國藩的九弟，字沅浦，號叔純，湘軍的主要將領之一。曾氏兄弟共五人，除曾國藩是最出名的一個外，曾國荃的功名則要高於另外三人。他對曾國藩的幫助最大。曾國藩曾誇獎曾國荃的才智在其它幾個兄弟之上。但也正因如此，曾國藩對曾國荃的要求很高且很嚴厲。

時年，曾國藩領導的湘軍圍攻太平天國首府天京（今南京），擔任主攻重任的正是曾國藩的九弟曾國荃。曾國荃在清軍未按原計劃出師前，率湘軍貿然孤軍急進，在連續攻下今安徽境內各府縣後，率軍駐紮在今南京雨花臺，令軍隊處於孤立無援的險境。曾國藩聞知，寫信力勸國荃撤退以保穩妥。然而國荃為求戰功，不想退兵。

湘軍圍攻天京城，久攻不下，傷亡慘重，主將曾國荃焦慮異常，如此一折騰，身體也染上了一些疾病，肝火上炎，怒火攻心，徹夜難眠。這個時候，他收到了兄長的這封信。

曾國藩在信中勸告弟弟一定要「強自禁制」，抑制欲望，克制憤怒，肝火自然可以降下來，隨後表述了「倔強」兩字對男兒立志的重要性。曾國藩所說的「倔強」，其實就是「男兒自立」，也就是骨子裡要不怕輸、不服輸，擁有一定要成功的意志力。他認為，只要內心擁有這股力量，不管是什麼人，都能夠取得一定成就。

古人一直都很看重「倔強之氣」，認為凡是想做事業的人，不怕自己才能和智慧不夠，最怕的就是內心軟弱，容易服輸。相反，那些存有「倔強之氣」的人，不僅事業有成，也深受人們敬佩，像身受宮刑仍然冒死進諫、寫就《史記》的司馬遷，臥薪嚐膽十年終報受辱之仇的句踐，「頭懸樑，錐刺股」發奮讀書、最終成為一代名家的蘇秦……

立志方能成才，這是亙古不變的真理。唐代偉大詩人李白「長風破浪會有時，直掛雲帆濟滄海」，南宋著名理學家朱熹「百學須先立志」，近代著名社會活動家康有為「自強為天下健，志剛為大君之道」等句正是表達了立志的重要性。

曾國藩認為，凡辦大事，半由人力，半由天事。謀事在天，成事在人。男兒當自立，可不懼任何。某種意義上，他也正是以這種方式在激勵弟弟不可以輕易退卻，有志者，事竟成。

二

人無恆心，終將一無所成

1· 凡人作一事，便須全副精神注在此一事，首尾不懈。不可見異思遷，做這樣想那樣，坐這山望那山。人而無恆，終身一無所成。

▌翻譯

　　一個人做某件事情時，就必須將全部精力集中在這件事情上，有始有終，絕不鬆懈。不可見異思遷，做著這件事還想著那件事，這山望到那山高。一個人沒有恆心，就會一生一無所成。

▌點評

　　本句摘自曾國藩的書信〈咸豐七年十二月十四日致沅弟〉。曾國藩在信中侃侃而談，闡述了「恆」的道理。如當翰林時，本應留心詩文寫字，卻喜歡涉獵其它書籍，以致於自己志向紛亂；閱讀性理書時，又常常讀一些詩文集……，到最後就會因為自己「坐犯無恆的弊病」而導致「垂老而百無一成」。他以此來告誡弟弟做事要有恆心，不要見異思遷。

　　曾國藩勸弟弟既然已選擇了帶兵打仗這條路，就要從此專注於這

方面，埋頭苦幹，刻苦鑽研行軍打仗的方法，全神貫注做自己的事業即可。絕不可做著這件事，心中又想著讀書、中舉，當州官或縣令等那些事。

在《詩經‧大雅‧蕩之什》中有這樣一句話：「靡不有初，鮮克有終。」此句借由殷商王朝由盛及衰的歷史，提醒周王一定要牢記商王朝的亡國之事，做事要有始有終，國家才會一直繁盛。

荀子說：「鍥而舍之，朽木不折；鍥而不捨，金石可鏤。」意思是說，拿刀刻東西，如果中途停下來，腐朽的木頭也無法刻斷；如果堅持不懈，就算是金石，也能夠雕刻成功。古人多推崇這種持之以恆、鍥而不捨的精神，所以又有諸如「只要功夫深，鐵杵磨成針」、「滴水穿石」等俗語、成語。

孟子曾對此作過一個非常恰當的比喻：「有為者譬若掘井。掘井九軔而不及泉，猶為棄井也。」就是說，想要做出一番成就，就好比挖井，只有堅持不懈地努力才能取得成效，如果挖了一點就放棄了，那這口井就只能成為廢井。

偉人毛澤東也極贊同「恆」的觀點，他曾說：「貴有恆，何必三更起五更眠。最無益，只怕一日曝十日寒。」他指出，只要一個人有足夠的恆心與毅力，那麼愚公可移山，鐵杵亦成針。想來，曾國藩也正是深知其中道理，才對弟弟們嚴格督促。

2 · 爾欲稍有成就，須從有恆二字下手。

▌ 翻譯

倘若你想稍微有些成就的話，就必須做到持之以恆。

▌ 點評

本句摘自曾國藩的書信〈咸豐九年十月十四日論紀澤〉。時年，曾國藩的兒子曾紀澤二十歲，已經成年。

古代男子滿二十歲時叫作「弱」，這時就要行「冠禮」，即戴上表示已成人的帽子。在中國，這一禮儀已有幾千年的歷史，已經烙上了濃濃的中國味道。

兒子曾紀澤已經長大成人，作為父親的曾國藩自然要藉這個機會給兒子「上上課」，讓兒子可以正視自己接下來的人生道路。

中國有句俗話：「只要有恆心，鐵杵磨成針。」持之以恆是一個人獲取成就的關鍵。曾國藩正是深刻理解了這個道理，所以拿它來教育自己的兒子。

他自己也曾深有體會地說：「累月奔馳酬應，猶能不失常課，當可日進無已。人生惟有常是第一美德。餘早年於作字一道，亦嘗苦息力索，終無所成。近日朝朝摹寫，久不間斷，遂覺月異而歲不同……」曾國藩認為，一個人長年累月在外奔波勞累，卻還能堅持不懈地學習，自然會有所長進，而且不會停止。人生第一美德應該是做事持之以恆。

曾國藩有如此堅定的心性，難怪連毛澤東都對他讚賞有加：「予於近人，獨服曾文正，觀其收拾洪楊一役，完滿無缺。」

梁啟超也曾對他作出過極高的評價：「豈惟近代，蓋有史以來不一二睹之大人也已；豈惟我國，抑全世界不一二睹之大人也已。然而文正固非有超群絕倫之天才，在並時諸賢傑中，稱最鈍拙；其所遭值事會，亦終生在指逆之中……，吾以為曾文正公今而猶壯年，中國必由其手獲救。」

3 · 年無分老少，事無分難易，但行之有恆，自如種樹畜養，日見其大而不覺耳。

▌翻譯

年齡不分老少，事情不分難易，只要持之以恆，自然就如同種樹和養畜生一樣，每天看著它長大卻沒有察覺到罷了。

▌點評

本句摘自曾國藩的書信〈同治元年四月初四日諭紀澤〉。

曾國藩在信中寫道：「進之以猛，持之以恆，不過一二年，精進而不覺。言語遲鈍，舉止端重，則德進矣。作文有崢嶸雄快之氣，則業進矣。」大意是說，努力前進，持之以恆，不到一兩年的工夫，自然會有無形的精進，比如言語會變得遲穩，舉止變得端重，品德與性情自會有所長進，所寫的文章也會有崢嶸雄峻之氣，學業上會有很大的進步。

東漢河南郡有一個叫樂羊子的人，他遊學一年回到家中。妻子問他為何回家，樂羊子回答說是思鄉心切。妻子聽後拿起一把刀走到織布機前說：「這些布從一根根絲積纍成寸，一寸寸地積纍成了一丈，丈又累積成匹。假如我割斷它，那麼必定前功盡棄。做學問如果不持之以恆，半途而廢，和割斷織絲有什麼不同？」樂羊子被妻子的這番話感動，從此，刻苦學習，七年從未返家。

如果不能做到「行之以恆」，那麼就會因半途而廢而一事無成。正是因為瞭解了這個道理，曾國藩才教育兒子要做到「有恆」。他認為，只要兒子能做到持之以恆，不斷努力，不因看不到成果而放棄，那麼兒子的言行舉止就會彰顯出君子風範，文章更會「崢嶸雄快」。

三

逆境中磨練，不退不縮

1 · 若能風霜磨煉，苦心勞神，亦自足堅筋骨而長識見。

▌ 翻譯

如果能夠經過風霜磨練，苦心勞神，那麼一定能夠強壯筋骨而長見識。

▌ 點評

本句摘自曾國藩的書信〈咸豐九年三月初三日諭紀澤〉。曾國藩的兒子曾紀澤當時打算去軍營中探親，曾國藩認為這是一件好事。他認為兒子身體一向不好，而國家也正是多災多難的時候，如果兒子能趁此機會經受些風霜考驗，趁機鍛鍊一下身體，增長一些見識，對他是非常有好處的。

曾國藩在這封信中要求兒子多歷練多經歷風霜，其實不光是讓兒子鍛鍊身體、長見識，最重要的是希望兒子能在經歷挫折與磨難的過程中，培養出一種不屈不撓的品格。這種遠見卓識一直伴隨著曾國藩教育子女的整個過程。

其實，古今中外，能夠做到不屈不撓的人有很多，他們往往都取得了驕人的成就，比如美國巨星史泰龍。史泰龍成名之前非常落魄，生活拮据的他卻立志要當演員，並且很自信地去好萊塢闖蕩。因為他平凡的外貌和不流暢的語言，幾百家公司都將他拒之門外。但史泰龍並沒有因為數百次的拒絕而放棄，最後成為了電影史上大紅大紫的巨星。

逆境中不放棄，挫折裡不沮喪，不怕失敗、不怕吃苦受累，那麼最終就會獲得成功。

2．無折肱不成良醫，無垂翅亦不成名將也。

▌ 翻譯
沒斷過手臂不能成為良醫，不折過翅膀也不能成長為名將。

▌ 點評
本句摘自曾國藩的書信〈同治六年二月初七日復劉銘傳〉。劉銘傳，一八三六年出生於安徽合肥大潛山麓的一個世代務農家庭。他曾擔任淮軍將領，後出任臺灣第一巡撫，有「臺灣近代化之父」之稱。

同治元年（1862年），劉銘傳率「銘字營」到上海。三年後，隨曾國藩鎮壓捻軍，當時，劉銘傳平原追擊以馬隊為主的捻軍失敗，就向曾國藩建議築造長牆來圍堵捻軍。後來，曾國藩鎮壓捻軍失敗，清政府就派遣了李鴻章代替曾國藩。一八六七年，劉銘傳與湘軍將領相

約合擊捻軍，但銘軍提前出動，被捻軍包圍，後來直到援軍到來，劉銘傳才突圍。曾國藩便是在這種情形下寫下了這封信。

在信中，曾國藩鼓勵劉銘傳，人有點兒挫折是好事，世上並沒有真的常勝將軍。他認為從未遭受挫敗的銘軍，正好「得此小挫，亦足生將牟之敬慎，而窮軍事之變態」，即有了這次小挫折，足以讓將士產生敬慎之心，並去深究軍事的變化。

德國著名音樂家貝多芬說過：「卓越的人一大優點是：在不利與艱難的遭遇裡百折不饒。」沒錯，真正成功的人，他一定是在每次失敗後都能頑強地站起來，更重要的是他沒有把挫折與失敗當成打擊與障礙，而是把它看成促進自己成長的動力。

3・吾生平長進全在受挫受辱之時。務須咬牙勵志，蓄其氣而長其智，切不可恭然自餒也。

▌ 翻譯
我有生以來能取得的長進全是在受到挫折、受到侮辱的時候。弟弟你務必咬緊牙關，磨練意志，積蓄志氣，增長才智，切不可放鬆自己而滅了志氣。

▌ 點評
本句摘自曾國藩的書信〈同治六年二月二十九日致沅弟〉。當時，曾國藩的九弟在軍事上接連失敗，遭遇人生之困境。他為了安慰

和鼓勵弟弟，在信中還寫道：「所謂從前種種譬如昨日死，從後種種譬如今日生，另起爐灶，重開世界，安知此兩番之大敗，非天之磨練英雄，使弟大有長進乎？」曾國藩以此來勸誡其弟要不畏艱難，在逆境中磨練自己，不要因為受到一點兒挫折就灰心喪氣，正所謂「吃一塹，長一智」，自古英雄都是歷經多重磨難成長出來的。

常言道：「不經風雨，長不成大樹；不受百鍊，難以成鋼。」古人也常說：「輪曲糅而就，木直在中繩。堅金礪所利，玉琢器乃成。」從古至今，但凡有所成就之人，哪一個不是在逆境中歷練，在挫折中成長。如果一個人沒有咬緊牙關、奮力抗爭的無畏精神，沒有戰勝逆境、勇往直前的勇氣，那他是成不了強者的。

曾國藩在這封信中告訴弟弟，大丈夫立身處世的準則，就是要從挫折與逆境中磨練意志；大丈夫要想有所長進，就需要從挫折、失敗中堅強奮起。

4・事機不順之際，要當寬以居之，靜以待之，不可過於焦急。

▎ 翻譯

做事的時機不順利的時候，應該寬鬆處之，冷靜地對待它，不能過於急躁。

▎ 點評

本句摘自曾國藩的書信〈同治六年八月初七日致李鴻章〉。當時李鴻章剛接替曾國藩鎮壓捻軍不久，連連吃了幾次敗仗，形式十分危急，李鴻章自己也有一些慌亂了。曾國藩瞭解到情況後，陸續給他寫了幾封信，勸勉他一定要挺住。這就是其中一封。

在信中，曾國藩告訴李鴻章自己鎮壓捻軍的時候，就是因為內心慌亂，才導致最終一事無成，藉此來勸勉李鴻章要把急躁的情緒掃除乾淨。

縱觀古今，很多人之所以失敗，並不是他們自身的能力和條件不夠，而是因為過於急躁，缺乏耐心，總是急於求成，結果導致一事無成。如果他們肯靜下心來，理智地分析形勢，耐心地等待時機，其實是可以成功的。所謂「欲速則不達」，說的正是這個道理。

曾國藩當初負責鎮壓捻軍時，一方面受到朝廷的壓力，另一方面自己對捻軍不瞭解，又偏偏急於求成，結果越急越亂，導致一事無成。但之後他並沒有因此自暴自棄，而是總結出「以靜制動，爭取主動」的作戰方針，李鴻章就是在他這一軍事思想指導下，最終平定中原。

通過曾國藩的奮鬥史，我們不難發現，他也曾數次兵敗，並因此跑回老家不想再出來，甚至還想過自殺，但他最終大悔大悟，是因為懂得了堅忍之氣的重要性，並憑藉自己的信念堅持了下來，便取得了最後的輝煌。他的堅強與忍耐力，以及深厚的人生智慧非常值得後人學習與借鑑。

四

務實理性，自修求強

1・令人敬畏，全在自立自強。

▌翻譯

至於想使人對自己感到尊敬與畏懼，就得靠自立自強。

▌點評

本句摘自曾國藩的書信〈同治五年三月初五日復應寶時〉。曾國藩一直對外國勢力有著警覺心，曾說過「目前之患在內寇，長久之患在西人」。想要改變這一切，就得依靠自己的力量，自立自強。

他在這封信裡提出了自己的觀點。他認為，想使人對自己感到敬畏，就能全靠自立自強，面對困難和危險時不屈不撓，面對金錢引誘時能做到自律與廉潔，才能建立所謂的威信。想要在外國人前立威，讓對方佩服，又怎麼能不在自己身上下功夫呢？

據說曾國藩的學生李鴻章成為與外國人打交道的主要官員後，完全遵照老師的教導去做，成為其政策的堅定執行者。對於洋人們的力量，李鴻章知道不可不用，卻非常注意加以限制。李鴻章利用外國軍

隊的力量達到目的，並將華爾和戈登的洋槍隊牢牢控制住。與太平軍之戰大勝後，李鴻章將軍隊中的精銳編入淮軍，解除了後顧之憂。這樣一來，便避免了受制於人的結果。

2・只可力求自強，不可輕動氣。

▌ 翻譯

只能力求自強，不能輕易動氣。

▌ 點評

本句摘自曾國藩的書信〈同治五年四月初五日復彭玉麟〉。曾國藩在這封信裡，展現了自己睿智的形象。他在這封信裡清楚地闡明了自己對待洋人的觀點。他認為，起事端時，仍要堅決地遵守條約，不能失信於洋人，要求自強，而非輕易動氣，如果沒有自強的實力，卻空有爭義氣的話語，不僅無益，反而有害。

曾國藩清楚地表示，一些固守保守觀點的人們既不瞭解外國事物，也無徹底反抗決心，只是情緒化地表示反抗，慷慨激昂，言辭激烈，實際上起不到任何作用。

因此，曾國藩認為，在遇到外交實際問題時，「只可力求自強，不可輕動氣」。但凡因憤怒失去理智而魯莽行事者，一定會把事情弄得更糟。

3・吾輩在自修處求強則可，在勝人處求強則不可。

■ **翻譯**

我們在自我修養方面追求超人一等便可以了，在勝過別人的地方去爭強好勝便不可。

■ **點評**

本句摘自曾國藩的書信〈同治五年九月十二日致沅弟〉。曾國藩一向愛惜家人，對弟弟們甚為疼愛，因此對他們也十分嚴厲。他告誡弟弟們，強要強在自修處，注重個人修養、素質的提高，只有具備很高的品德，才叫做真正的「強」。一個人如果專門在爭勝負的方面求強，就算強橫一輩子，也會為人所不恥。

在曾國藩看來，所謂的「自強」，只有孔子、孟子、曾子所說的尚有可取之處，其它的都無法長久。的確，爭強好勝，鬥智鬥勇，可能會讓一個人猛然大盛，但也可能讓其大敗。古代這種例子實在不勝枚舉，像李斯、曹操、董卓等人，才智雖然過人，但因為沒有在自修中自強，只知道逞強好勝，就注定了失敗的結局。

曾國藩建議弟弟，要在自我修養方面不斷增強，不要與人作無謂的爭強好勝，就算爭贏了，能真的強到底嗎？就算終身強橫安穩，也是為君子所不屑的。一個人若是可以在自修中求強，那麼，他所追求的就不再是簡簡單單勝過他人，而是自我超越。只有這樣，他才會逐步變得強大和完美，成為真正的強者。

曾國藩在這裡給弟弟提了非常中肯的建議，即通過自身的努力來修煉完善的人格，壯大自己的實力，這才是通常意義上所說的自強。那些想通過打壓別人來增強自己的做法，也就是所謂的豪強，是不可能長久的，這種「強」會激起被打壓者的反抗和怨恨，使自己以後可能陷入某種危機中。曾國藩此言是在洞悉人情基礎上得出的結論，值得每個人反覆深思與揣摩。

五

無怨無尤，樂觀通達

1 • 無故而怨天，則天必不許；無故而尤人，則人必不服。

▌ 翻譯

無緣無故埋怨上天，上天必不會允許；無緣無故去責怪人，人必不會服氣。

▌ 點評

本句摘自曾國藩的書信〈咸豐元年九月初五日致澄弟溫弟沅弟季弟〉。他在信中指出，在所有弟弟當中，溫弟的資質是最好的，但牢騷太多，動不動就怨天尤人，這對其日後的發展非常不利。他勸勉溫弟要戒除愛發牢騷、怨天尤人的毛病，並時刻自我反省，保持心態平和，這樣不僅能夠早得功名，還能夠消災減禍。

孔子曾說：「不怨天，不尤人，下學而上達。」意思是說，我不怨天尤人，僅僅下學人事，上達天命而已。他還說：「求仁而得仁，又何怨？」也是在告訴我們，只要選擇了自己認為應該做的事情，就沒有什麼好抱怨的，沒有必要因為別人不瞭解自己，或者懷才不遇，而怨天尤人，感歎時運不濟。

所謂「天有不測風雲，月有陰晴圓缺」，每個人的人生都不會一帆風順，都會有得意、有失意。得意的時候，就要告誡自己不能忘形，失意的時候，自然更要勸勉自己不能怨天尤人、自暴自棄。就像孔子，他一生顛沛流離，懷才不遇，剛當上官沒幾天就被罷免，周遊各國推行仁道，卻又趕上戰亂，無人理會他的說教。那時，他顛沛流離，一日三餐都時常沒有著落，甚至還被人嘲笑是喪家犬，但他從未怨天尤人，而是堅持「一日三省吾身」，始終保持平和的心態，終成儒家之聖人。

2 • 只可畏天知命，不可怨天尤人。所以養身卻病在此，所以持盈保泰亦在此。

▌翻譯

只可知天命，識時務，而絕不可以不自責而推之命運、責怪他人。所以養身去病全在於此，所以保守成業、保持平安也全在於此。

▌點評

本句摘自曾國藩的書信〈同治三年四月十六日與沅弟〉。當時曾國荃兵圍金陵，久攻不下，而左宗棠、李鴻章率領的軍隊則頻傳捷報，於是，急於事功、虛火攻心的曾國荃經常鞭打部下，導致軍心動搖。曾國藩得知此事後，在信中勸導九弟：「事事落人後著，不必追悔，不必怨人，此等處總須守定畏天知命四字。金陵之克，亦本朝之大勳，千古之大名，全憑天意主張，豈盡關乎人力？天於大名，吝之

惜之，千磨百折，艱難拂亂而後予之。老氏所謂『不敢為天下先』者，即不敢居第一等大名之意⋯⋯。」曾國藩這番勸解的書信，猶如春風化雨，足以讓曾國荃滿腔狂躁消失得無影無蹤。

春秋時期的大聖人孔子也說過：「不怨天，不尤人，下學而上達，知我者其天乎！」可見，遇事無怨無尤的人，看事情會更明白，更冷靜，而那些總是喜歡怨天尤人，追悔往事的人，不但不會引來他人的安慰和憐憫，還會招致別人的嘲笑和輕蔑。

曾經有一頭驢，一天不小心掉進了一個深洞，主人無法把它救出來，就狠狠心走了。深洞裡孤獨的驢子不但要忍受飢餓，還要被每天扔進洞裡的垃圾砸到。驢子很生氣，它從掉進洞裡就開始埋怨主人，埋怨上帝的不公，埋怨周圍的一切，覺得自己是世界上最倒楣的驢子。

可有一天，驢子覺得自己這樣整天怨天尤人，並不能解決任何問題，於是開始把垃圾踩在腳下，隨著垃圾越堆越高。很快，它重新回到了地面，而且成為了一頭沒有主人的自由驢子。

人有時候也會和這頭驢一樣陷入困境，假如人只知道在挫折、不幸、不公與痛苦來臨時，抱怨境遇、家人、環境等等，那麼隨著你怨天尤人的次數增多，你想要奮鬥和重整旗鼓的動力就越減退。所以，不妨試著學會「畏天知命」，學會接受「命運的安排」，不怨天，不尤人，而是從自身找原因，努力奮進。

3·大約以能立能達為體，以不怨不尤為用。

▋翻譯

大致上是以發憤圖強、辦事周到為體，以不怨天尤人為用。

▋點評

本句摘自曾國藩的書信〈同治六年正月初二日致沅弟〉。「能立能達，無怨無尤」一直是曾國藩「訓誡」自身和家族子弟的宗旨。他認為，一個人只有發憤圖強，辦事圓通，不怨天尤人，才能在人世間站穩腳跟。

法國皇帝拿破崙有一次與敵軍作戰，對方實力雄厚，士氣極旺，頑強抵抗，使拿破崙的軍隊損失慘重。軍隊中的士兵焦躁萬分，等待援軍的到來。可是左等右等，仍不見援軍到來，大家的心這時紛紛沉落到了谷底。隨著戰爭時間的拉長，拿破崙的士兵人數漸漸減少，戰鬥力越來越弱，很多士兵都開始喪失了信心。但此時的拿破崙依然鬥志昂揚，沒有絲毫灰心，既不怨天尤人，也不抱怨軍隊的戰績，而是滿懷自信地激勵士兵們勇敢堅強，鼓勵他們奪取最後的勝利。

緊接著，在又一次對敵的鬥爭中，他不小心陷入泥潭中，滿身都是泥水，卻全然不顧，仍然忘我地戰鬥著，這種不怨不尤、積極向上的精神鼓舞了眾士兵，終於使他們重新振奮起來，奮力戰鬥，贏得了戰爭的勝利。

生活的不如意與艱難不僅發生在普通人身上，也發生在知名偉人

身上，每個人都可能遇到身處逆境的時候，這時不要有太多的抱怨，而是集中精力做自己的事，與其怨天尤人，不如多給自己鼓勁。

曾國藩告誡自己的兄弟應做到「能立能達」和「不怨不尤」，就是希望其遇到困難時不要一個勁兒埋怨，那樣無濟於事，而是要學會變通，學會忍辱負重，這樣才能成就一番作為。

二

精明也要十分，
只須藏在渾厚裡作用

——處世篇

一

與人交際，誠信為本

1 · 縱人以巧詐來，我仍以渾含應之，以誠愚應之；久之，
則人之意也消。

▌ 翻譯

也許別人會使用狡詐的方法來對付我，但我仍會用渾厚含蓄的方
法來應對，用真誠愚拙的態度來面對他；時間一長，他想害我的想法
也就慢慢沒有了。

▌ 點評

本句摘自曾國藩的書信〈咸豐八年正月初四日致沅弟〉。曾國藩
這時意氣風發，事業得意，因為他率領的湘軍於同治三年擊敗了太平
天國軍，給長達十多年的太平天國起義畫上了休止符。

此時的曾國藩可謂是風光八面，不少趨炎附勢的小人都紛湧而
來，巴結、奉承或暗中抵毀者皆有之。但曾國藩泰然自若，面對對手
的奸詐，只以「誠愚」來回應。誠然，這種「誠愚」在官場上是有效
的，因為官場險惡，小人自不在少數，只有以這種低姿態來應對，才
能免遭迴圈不已的爭鬥，將精力放在治國上去。

不但中國知名智者這樣認為，連國外的哲學家也深有同感。古希臘著名哲學家亞里斯多德曾說：「高標準的目標和低姿態的言行和諧統一，是造就厚重而輝煌人生的必備條件。」

要想在人生路上走得順暢，「誠愚」是較好的處世方式。低調與「愚笨」不是壓抑人格，而是提升人格。人生的大智慧、大境界，唯有「低」、「誠」才能看得清楚。此外，誠懇、低調還能淡化小人們的嫉妒心理，無形中使自己避開了可能會有的災禍。

事實證明，睿智的曾國藩在官場上一直走得很穩，且聲譽極佳。

2・「勤」之所以醫惰，「慎」之所以醫驕。此二字之先，須有一「誠」字，以之立本立志。

▌ 翻譯

「勤」字能用來醫治「惰」字，「慎」字能用來醫治「驕」字。但在這兩個字之前，必須還有一個「誠」字才行，要用「誠」來作為根本志向。

▌ 點評

本句摘自曾國藩的書信〈咸豐十年四月二十五日復李榕〉。他認為打仗的時間長了，一些將士中就會出現驕傲、懶惰的情況，而這種情況則是打仗時的大忌。因此，他提出「勤」可醫「惰」字，「慎」可醫「驕」字，但在這兩個字前還須有一個「誠」字。只要清楚明白這些，精誠所至，精石為開，而鬼神也會避開。

此外，曾國藩還想表達的，和武職人員來往，應該直率，因為武職人員個性比較耿直，而文職官員則心思較重，大多無法做到胸懷坦蕩，因此此時文職官員應克服掉自己多心的毛病，真誠地待人接物。

曾國藩很看重處世中的「誠」字，他在交往中首先會選擇樸實之人，並將誠信看作一個人身上本應具備的一種品質，因此他才會在寫給李榕的信中提到「誠」是人際交往時的根本原則，「勤」和「慎」則是處世的方法。

在日常生活中，曾國藩確實以此不斷地在督促自己，不僅僅只是把「誠」停留在口頭上，也落實在了實際交際中，因而，他獲得了不少人的尊重。可見，「誠」是一種處世智慧，更是一種崇高品格的體現。

3・心竅要正，要直，不可歪曲，好動與人鬥機鬥巧。

■ 翻譯

心地要正，要正直，不可以歪曲，千萬不可動不動就與人鬥機鬥巧。

■ 點評

本句摘自曾國藩的書信〈咸豐十年九月十二日復葉光嶽〉。曾國藩在這封信裡批示游擊葉光嶽稟懇湘勇一營時，說了不少勉勵、嚴厲的話。曾國藩認為他做了哨官以後，就沾染了官場上那種猜度、疑忌

的毛病，他表面上雖然和氣，但內心卻滿是忌恨，他的心氣太小，待人不誠懇，且不講信譽，使官位在他之下的那些人都不服他。

曾國藩提及自己曾多次就這些事斥責他，但他卻不知悔改。曾國藩在氣憤之餘曾想過要將他棄置不用，可又因惜才、愛才而將這個決定暫時放下。現在，曾國藩要再給他一次機會，來試驗他是否能得士兵之心，希望他能體會到自己的良苦用心。

最後，曾國藩對他提出了三點要求，一是要求他說話要有信譽，二是要求他吃苦耐勞，第三點也就是最重要的一點，要求他心地要正，一定要正直。如果他沒能做到，三個月後就會立刻革掉他的職位，讓他走人。

曾國藩是一個極注重親朋及屬下德行的人，極講究誠信，對那些耍小聰明的人很反感。他認為那些耍小聰明的人雖然可以風光一時，但時間一長就會失去別人對其的信任。不誠信，乃是交際中的大忌。

4 • 凡與人交際，當求其誠信之素孚；求其協助，當量其力量所能為。

▌ **翻譯**

大凡與人交往時，都應求其誠實且講信用；當求其幫助時，應該估量其能力所能做到的。

▌ **點評**

本句摘自曾國藩的書信〈同治元年三月初八日致沅弟〉。

據史書記載，曾國荃「少氣奇氣，倜儻不群」。由於他能力出眾，且立下過不少戰功，因此自視甚高，經常誇大自己的能力。另外，他還喜歡講排場、擺闊氣，還有點好大喜功。曾國藩為此感到憂慮，曾寫信訓斥他：「九日晚接到你的來信，字裡行間全是驕傲的氣息，又多狂悖荒謬的話。天下的事變化多端，義理深奧，人情難知，天道也難測，而你卻寫出這樣一手遮天、狂妄無稽的話，不知道究竟憑藉的是什麼？……」

在〈同治元年三月初八日致沅弟〉這封信裡，曾國藩則怒斥了曾國荃每次求人都喜歡獅子大開口的惡習，同時告誡他，與人交往，一定要講究誠信，這樣才能在官場上站得穩，立得穩，才能獲得良好的口碑。雖然曾國藩對弟弟十分嚴厲，但從中也可顯出他對弟弟的關愛之情，正所謂愛之切責之深。

二 /

剛柔並濟，立身之道

1・近來見得天地之道，剛柔互用，不可偏廢，太柔則靡，
太剛則折。

▌ 翻譯

最近悟出了天地間的道理，剛柔互用，不可偏廢，太柔就會萎
靡，太剛則會折斷。

▌ 點評

本句摘自曾國藩的書信〈同治元年五月二十八日致九弟季弟〉。
在曾國藩看來，人想要立得住，主要還是靠把握剛柔的尺度。

諸葛亮曾說過：「其剛不可折，其柔不可卷。」意思是要根據實
際需要，該剛則剛，該柔則柔，剛柔適度，這樣才能使自己立於不敗
之地。

曾國藩所說與諸葛亮的意思是一樣的。剛柔並濟是做官必備的策
略與手段，如果做不到，將會被碰得頭破血流。曾國藩在官場做事
時，需常忍受朝廷的不信任和地方官員的傾軋，如一味地抵制、強

硬，絕對不會有他今後的成就。

圓融是一種人際交往中的智慧，它告訴人們需根據客觀情況審時度勢，凡事留有餘地，把握好度。從古到今，有不少名臣名將由於「剛」而遭受到不幸，比如商朝比干直言進諫，後慘遭殺害，明朝海瑞生性耿直導致一生不受重用。

實際上，剛是目的，柔則是手段。人不可無剛，無剛不能自立，不能自立的話自然也談不上自強，不能自強的話就更談不上將來建功立業了。但人也不可無柔，否則就會不親和，陷入孤立、四面楚歌的狀況。柔實際上是一種靈活處理人際關係的策略。

2・雖內懷句踐棲會稽、田單守即墨之志，而外卻十分和讓。

■ 翻譯

就算胸懷句踐寄身會稽，田單困守即墨的志向，外表也要十分和讓。

■ 點評

本句摘自曾國藩的書信〈同治元年六月十二日復李鴻章〉。曾國藩認為，一個人的內心無論有什麼樣的宏圖大志，外表也要表現得十分謙讓才行。他還以歷史上的句踐棲會稽，田單守即墨為例，闡明瞭這個道理。

句踐的故事我們都很清楚，句踐在吳國為俘虜時，表面對吳王恭敬謙卑，內心卻野心勃勃，以「以柔克剛」之謀算最後打敗了吳國。接下來主談田單守即墨。

西元前二八四年，燕國大將樂毅率兵攻打臨淄，一連攻下齊國七十餘城，最後只剩莒城和即墨。田單率族人逃到即墨，擔負起了守城的重責。當時敵強我弱，但平民身份的田單卻用「以柔克剛」之計贏了最後戰役。

田單一方面派老弱婦女來守城，造成即墨已無強兵的假象，另一方面則讓即墨的有錢人給燕軍交保護費，讓他們在攻城時千萬保住自己的家產。這樣一來，燕軍洋洋自得，以為這場仗志在必得了。誰知最後田單在城內收集了一千多頭牛，在它們的尾巴上點上火，牛尾熱，牛群怒而奔向燕軍，毫無準備的燕軍頓時驚慌失措，再加上即墨城中鼓譟從之，老弱皆擊銅器，驚天動地，燕軍大駭敗走。田單一戰成名。

曾國藩運用這兩個典故說明了內在需胸懷大志，「外卻十分和讓」的道理。他認為「封疆將帥者」應外在忍辱負重，謙和退讓，內在徐圖自強，忍辱負重。

曾國藩是一個擅長從古時先哲理論中吸取智慧精華的人，也是一個懂得把理論與實踐並用的人。他懂得什麼時候該爭，什麼時候又該退，這是非常值得我們後人學習的一點。

3 • 惟柔以制剛狠之氣，惟誠以化頑梗之民。

▌ 翻譯

　　唯有柔弱才能將剛狠的氣焰剋制住，唯有誠意才能化解固執的老百姓們。

▌ 點評

　　本句摘自曾國藩的書信〈同治五年八月初十日致澄弟〉。在信中，曾國藩向弟弟闡述了自己從老子《道德經》裡所領悟到的以柔克剛的道理。同時，他還認為只有剛柔並用才是最重要的，兩者「不可偏廢」。

　　曾國藩的這句箴言是極有深意的，越是硬的東西越容易斷，軟的東西反而怎麼也折不斷。只是在剛與柔之間，還需恰到好處，既不可「剛」過盛，也不可「柔」過度。《淮南子・泛論訓》裡曾深刻地闡明過這個道理：「太剛則折，太柔則卷。聖人正在剛柔之間，乃得道之本。」

　　此外，「柔弱勝剛強」還是中國哲學家老子的一個著名理論，他曾說：「天下莫柔弱於水，而攻堅強者莫之能勝，以其無以易之。」水至柔，卻柔而有骨，在超越那些強硬的同時也超越了自身。看來，曾國藩對聖人之言還是領悟得較為深刻的。

　　在與人交際時也是這樣，過「剛」則會令身邊朋友對自己敬而遠之，過「柔」則會讓人認為誰都可以欺負你，只有保持一個度，才能使自己在人際交往中如魚得水。

4 · 清則易柔，惟志趣高堅，則可變柔為剛。

■ 翻譯

（氣質）過於高潔就容易柔弱，只有堅持高遠志向，才能轉變柔弱為剛強。

■ 點評

本句摘自曾國藩的書信〈同治六年三月二十八日諭紀澤〉。曾紀澤是曾國藩的次子，中國清代著名外交家，中興名臣。他出生於道光十九年，自小就受過嚴格的教育，工詩文，精算術，通經史，還曾學過英語，研究過西方的科學文化，曾有人將他譽為「學貫中西」。

曾國藩寫這封信的時候，兒子紀鴻正患上了天花，病情還未好轉。曾國藩十分著急，一連寫了兩封信詢問紀澤的弟弟紀鴻的病況。寫第二封信時，紀鴻的病已有好轉，曾國藩在松了一口氣的同時不禁開始評價紀澤寫的詩。他認為紀澤的詩過於清柔，擔心紀澤也學習詩人那種孤芳自賞、淡泊世間榮華的脾性。

柔與剛是可以互相轉化的，曾國藩在此處更傾向於「剛」，因此更希望兒子要有高遠志向，將柔弱轉化為剛強。只有這樣，可能才能更適宜在這世上生存。

三
隱忍適度，退讓有道

1・大丈夫可屈可伸，何必過於焦慮。

▌翻譯

大丈夫乃可屈可伸之人，何必過於焦躁氣憤呢？

▌點評

本句摘自曾國藩的書信〈同治三年五月二十七日復彭毓橘〉。曾國藩被人稱為「文韌公」，凡事以忍為上。同治三年，曾國藩的事業到達了人生的頂點，通過十年奮戰，終於成功鎮壓太平軍。可也正因為此，惹來了不少忌恨，朝廷也因他「功高震主」而忌憚他。

在這種情況下，曾國藩的處境之尷尬可想而知。朝廷因為種種顧慮，並未向他「進攻」，而是將矛頭指出了其弟曾國荃。許多官員在慈禧的暗示下，揭發曾國荃在率軍攻天京時，把太平天國藏匿的財物全都搶掠，且因一時疏忽讓李秀成與幼天王逃了出去。曾國荃氣急之下，大病一場。

這時的曾國藩冷靜思慮對策，決意以退為進。他勸其弟隱忍為

上，決不可因氣憤而傷了身體。他在給表弟彭毓橘的這封信裡說：
「沅弟平生從未遭遇過什麼失敗，這一次不過是成功略遲了點，本來
就並非恥辱。大丈夫可屈要伸，何必過於焦躁氣憤呢？」

隨後，曾國藩裁撤掉了數萬湘軍，還讓曾國荃開缺回籍。另外，
曾國荃還在曾國藩的授意下辭謝了清廷的一切簡任，這才了結了此
事。一八八六年，捻軍圍攻湖北，朝廷重新起用曾國荃，命他擔任湖
北巡撫一職。

《易・繫辭下》中說：「尺蠖之屈，以求信也；龍蛇之蟄，以存
身也。」意思是說，尺蠖彎曲身體，是為了伸長，而龍蛇蟄伏，則是
為了繼續生存。動物尚且懂得為了日後的發展，應該暫時委屈一下自
己，以便更好地積蓄力量，何況人呢？曾國藩此為也正是為了讓曾國
荃更好地積蓄力量。

每個人都會遇到得意和失意的時候。得意時，當伸則伸，要盡情
大展拳腳，大幹一番；而當失意時，或者周圍的環境不利於自身發展
時，就應當以隱忍為上上策。

曾國藩的「屈伸之道」是一種自我保護的生存之道，只能伸而不
能屈，將會招致嫉恨與打擊，導致事業失敗。人需要有猛虎伏林、蛟
龍沉潭那樣的伸屈變化的胸懷，才能在險惡的森林裡從容行事。曾國
藩從大局著眼，退後一步，表面上看是妥協，實際上是一種智慧之
舉。

2·好漢打脫牙和血吞。

▍ 翻譯

好漢被打脫了牙，也要和血吞下去。

▍ 點評

本句摘自曾國藩的書信〈同治五年十二月十八日致沅弟〉。當時，曾國藩的弟弟由於戰敗，內心困苦，思慮阻塞，曾國藩就寫信勉勵他，並以自己的親身經歷為例，勸慰弟弟要「打脫牙，和血吞」，懂得隱忍。

「好漢打脫牙和血吞」是湖南地區的一句俚語，是指在遭遇災難或者遇到不公的待遇時，要不服輸、不抱怨，咬緊牙默默地積蓄力量，等待東山再起。

古人常說：「小不忍，則亂大謀。」如果自己實力不夠，還不肯隱忍，動輒就拔刀相向，那無異於以卵擊石，自取滅亡，雖然看起來豪氣衝天，實際上是在逞匹夫之勇。如果遭遇磨難，便覺得自己命運不濟，不能忍耐，一味怨天尤人，必會心思困頓，使自身的英雄氣概被消磨掉。

真正的好漢，就算心裡慪氣，也不會說出來或者表現出來，而是堅強忍耐，慢慢變強。曾國藩就是不斷以「好漢打掉牙和血吞」的思想自勉，才能夠頂住來自各方面的壓力，取得驕人的成就。

3 • 有忍有容，退藏於密。

▌ 翻譯

（需磨去性格中稜角）忍耐包容，退藏於密。

▌ 點評

本句摘自曾國藩的書信〈同治七年八月初二日復李鴻章〉。道光二十六年，李鴻章投到了曾國藩的門下，曾國藩對他悉心培養，希望把他培養成為棟樑之材，因而對他十分嚴厲。

李鴻章初投曾國藩門下時，因為才華橫溢，又有見識，常常自視甚高。曾國藩心中雖對他滿意，但表面上仍然百般刁難，為的就是磨去他身上的書卷氣。在曾國藩的悉心教導與不時寫信提點之後，李鴻章有了很大的進步，從一個滿身書生氣的人成為了一個「有忍有容，退藏於密」的官場老手。

一八六七年，李鴻章率軍鎮壓捻軍，在吃了幾次敗仗後受到了眾人的非議，但他置之不理，沒有據理力爭，而是用心完成了此事，最後成功鎮壓了捻軍。

曾國藩特地在這封〈同治七年八月初二日復李鴻章〉信中誇他：「從此益宏偉度，渾涵圭角，有忍有容，退藏於密。」此外，他還認為李鴻章是一個相當有才學的人，且在受到懷疑、誹謗時不動搖，面對艱難險阻時也毫不退讓，直至成功為止，所表現出的道德涵養令人欽佩。

4・古人處大憂患必有一種動忍之動、寬裕之度，不特藉以進德，亦且藉以保身。

▌ 翻譯

　　古人處在大的憂患中必會有一種動心忍性的功夫，寬鬆從容的氣度，不僅能憑藉這種氣度來增加德行，還能藉此來保養身體。

▌ 點評

　　本句摘自曾國藩的書信〈同治七年十月初四日復陳湜〉。曾國藩在信裡闡發了對忍耐的看法，認為忍耐不但可以增加人的德行，還能保養身體。曾國藩在信裡勸陳湜多多保養身體，私下裡定立學習進程。此前，陳湜帶病籌畫防務，十分辛苦，功勞顯著。曾國藩還提醒陳湜，一定要養成一種動心忍性的功夫，不能自我墮失志氣，退縮勇氣。

　　曾國藩認為，處世、養德、保身乃是人生中需要注意的幾大問題，而胸懷寬廣，平和曠達，則是其中的基礎。

　　前面曾提及，一八六五年六月，曾氏兄弟剛剛平定了太平天國，但由於功勞過大，朝廷上有許多對他們不利的流言傳出。但曾國藩面對流言，心情平和，鎮定自若，最後流言不攻自破。曾國藩曾在書信中提到，如果建立非常的功勳，那麼伴之而來的還會有流言與污蔑，遇到這種情況，要一笑置之，畢竟功業已成，心中已經很安慰了。

　　可見，一個勇於面對流言、竭力忍耐的人，一定是一個擁有一雙睿智雙眼的福厚之人。

5‧不如意事十常八九，其且當以忍耐處之。

▌翻譯

不如意的事佔了十分之八九，還應當以忍耐來應對。

▌點評

本句摘自曾國藩的書信〈同治十年二月二十一日復吳坤修〉。

吳坤修，字竹莊，出生於江西永修縣吳城鎮，後考上監生，捐納一個從九品的官，分發湖南。一八五二年，太平天國軍隊攻打長沙，吳坤修奉命守長沙。隨後，太平天國軍事統帥肖朝貴被長沙守軍炮轟而死。吳坤修以守城的功勞被提為了知縣。一八五三年，他在衡陽遇上了曾國藩，與之開始了長達二十年的知交關係。

在《曾國藩書信》、《曾文正公書箚》中，有許多是吳坤修與曾國藩往來的書信，從中可見他們是相當地投緣。

在〈同治十年二月二十一日復吳坤修〉這封信裡，曾國藩談到吳坤修自任上以來，遇事小心，能顧全大局，但由於事事不能如意，以至積慮成疾，他因而勸說道，古往今來的聖賢也常說不如意的事佔了十分之八九，成大事的人，往往是機緣順利、志得意滿的占一半，陰暗不明挽救迴護、遷就成功的也佔了一半，還應當以忍耐來應對，不要過於焦急，只聽任時機自然轉變即可。

曾國藩一向信奉「堅忍」二字，推崇持之以恆、能屈能伸，而不

計所受的屈辱。只是到了晚年，曾國藩為求穩妥，只有「忍」，而無「堅」，消極成份居多，缺少「硬」、「剛」，因而晚年的他受到了一部分歷史學家的負面評價。

6 · 如能守一「耐」字訣，久之處履亨衢。

▌ 翻譯

如果能恪守一個「耐」字訣，日子一久，自然會回到亨通大道上來。

▌ 點評

本句摘自曾國藩的書信〈同治十年八月十一日復黎庶昌〉。黎庶昌是我國晚清著名的外交家和散文家。此外，黎庶昌還具有與時代同步前進的國際眼光，提出改革中國封建教育的科學建議，並創辦「新學」將自己的思想付諸實際，算得上是一位教育改革家。

黎庶昌的才學使他贏得了曾國藩的信任。面對這位出類拔萃的門生，曾國藩曾先後幾次向朝廷上書推薦。一八七〇年，三十四歲的黎庶昌在曾國藩的竭力推薦下擔任了吳江知縣一職，步入了仕途。隨後，他的事業之途頗佳，又在郭嵩燾、丁寶楨的推薦下先後出任英、法、日三國的參贊，成為我國早期的外交家。

他與曾國藩雖然長年分開，但書信卻一直未斷，他常就學業與工作中的一些事向曾國藩請教，獲得過不少點拔。在這封信裡，曾國藩

提及黎庶昌的煩惱，並對他勸慰了一番。黎從吳江官署卸任時公私虧空累計達七千多緡，正急切地想另謀生計作目前蓄養的資本。曾國藩安慰黎庶昌，讓他稍安勿躁，靜待時機的轉變，勸其要堅守一個「忍」字，方能回到亨通大道上來。

在治軍、官場、生活等方面，曾國藩常強調忍耐的作用，這既是他的官場經驗總結，也是他自己走過半輩子後對人生的體悟。

四

忠勇務實，順勢而上

1・凱章辦事皆從淺處、實處著力，於勇情體貼入微，閣下
與之共事，望亦從淺處、實處下手。

▌翻譯

　　凱章（張運蘭）處理問題時，全都從淺顯處入手，在務實方面下
很大力氣，對鄉勇體貼入微，你與他一起處理軍務，期望你也能從淺
顯處、務實處入手。

▌點評

　　本句摘自曾國藩的書信〈咸豐十年九月三十日夜復宋夢蘭〉。曾
國藩一生最看重力行而少言的人，也就是務實的人。凱章（張運蘭）
一開始只是一個下級將領，正因為他十分務實，踏實肯幹，所以被曾
國藩不斷提拔。一八六〇年，曾國藩命宋夢蘭與他配合作戰，並說：
「凱章觀察精細沉實，先行後言，閣下與之相處，似可將軍中瑣事
一一研究，總以『質實』二字為主……」。

　　曾國藩在這封信中提到，讀書人大多吃虧在書呆子氣，那麼就應
想辦法去克服，比如用勤奮去彌補，用謹慎的態度出兵，不要賣弄自

己的知識，以免弄巧成拙，否則，失誤會更嚴重。

曾國藩的成功在於修身，從務實、勤幹開始，腳踏實地，從小處、實處著手，不斷鞭策自己，保證事情能按計劃向既定目標發展，最後取得了成功，同時贏得了不少人的尊重。

2・惟恃一片忠勇之心，臨危則居人之先，虛公之度，有利則居人之後。

■ **翻譯**

只有憑藉一片赤誠的忠勇之心，才能在危難的時候衝在陣前方，保持謙遜的態度和開闊的胸懷，有利益時則要讓給他人。

■ **點評**

本句摘自曾國藩的書信〈同治六年八月二十四日復馬德順〉。這封信是曾國藩寫給馬德順的。馬德順出生於道光二年，字子輔，號祐庵。馬家為世代精武傳家，馬德順略大一點時，就開始學習祖傳功夫。他練功刻苦，很小時就掌握了騎、射、刀、槍等武藝。隨後，他遍訪名師，結交各地高手，與他們交流。成年後他順利從軍，經常翻閱軍書。

咸豐九年，清廷全力鎮壓太平天國運動，曾國藩率領的湘軍是鎮壓軍中的一支主力。同年，馬德順進入湘軍大營聽用。

馬德順原來是馬隊營官，後升為總兵，統領四個營的騎兵。曾國

藩對馬德順很重視，經常提點他。曾國藩對軍隊中的敗不相救、扯皮類的風氣十分厭惡，因此在指導部下時，經常教育他們如何與人相往，而非領兵打仗。

曾國藩在這封信裡談到，馬德順現在統轄四個營，他為他與騎兵們能否和睦、融洽相處而擔憂。他提及，軍隊裡的將官的官職軍階大多都不相上下，很難以官階高低來進行管理，只有憑藉赤膽忠心，在危難時刻衝到前方，以及保持謙遜態度和開闊胸襟，並有時讓利給他人，才能憑藉德行威望讓同輩們折服。此外，曾國藩還表示對馬德順寄予了厚望。

在信的最後，他還提到唐仁廉、譚勝達將要到達徐州了，希望馬德順能切實地與他們聯絡，委婉地暗示提醒他不能因為自己有職權而抖威風。

這句箴言再次證明了曾國藩是一位人間智者，他以友好的態度提點部下如何處理人際關係，尤其是在與年資、能力相差不大的人相處時，如何交往得更和諧：面對危機時，敢於搶先，面對利益時，能將自己放在後面，這樣，與你地位差不多的人都會對你產生欽佩感。

五

善待他人，不計小節

1・君子之道，莫大乎與人為善。

■ **翻譯**

成為君子的方法，沒有比與人和睦相處、樂於助人更重要的了。

■ **點評**

本句摘自曾國藩的書信〈咸豐八年十月二十五日諭紀澤〉。他在信中叮囑兒子紀澤要與人為善，時時為弟弟們做表率，並與眾多堂兄弟、表兄弟和睦相處，相互勉勵，共同進步。

與人為善是中華民族的傳統美德，更是從古到今備受人們推崇的為人處世的重要準則之一。《孟子・公孫丑上》中說：「取諸人以為善，是與人為善者也。故君子莫大乎與人為善。」也就是說，君子的德行中，沒有比與人為善更重要的了。發展到近代，與人為善的含義更加廣泛了，不僅指與人和睦相處，更指以和善的態度對待他人，樂於助人，為他人著想。

但凡想要建功立業的人，往往都需要「與人為善」做翅膀，才能

飛得更高。因為在事業的初始階段，可能憑藉運氣就可以，但想要大功告成，就不僅需要刻苦努力，更需要擁有高尚的品德。

古人認為，只有與人為善，才能獲得別人的好感，才能帶來終生的美譽和事業的成功。也就是說，想要別人愛自己，就得先學會愛別人。

古人經常以「十不氣」來勉勵自己，即「心寬不惹氣，急事不招氣，共事不傷氣，煩事不生氣，受挫不恢氣，逆言不多氣，怨言不慪氣，刺耳不餒氣，量大不憋氣，對事不小氣」。這就是在勸勉人們要保持心態平和，心胸豁達，與人為善，這樣才能廣結善緣，減少憤懣，提高自我修養。

所以說，曾國藩這句教導兒子的話，不僅是在教導我們要給別人帶去陽光，其實也是在教導我們溫暖自己的心靈。

2・取人為善，與人為善。

▌翻譯

人有善則取以益我，我有善則與以益人。

▌點評

本句摘自曾國藩的書信〈咸豐九年十月二十六日復李榕〉。李榕，咸豐二年進士，曾擔任湖南布政司、江寧鹽運使等職。李榕自幼

聰明，他的蒙師曾在他入學時指著門外牛拉石碾，出上聯：「黃牛青石碾。」李榕則立刻對上下聯：「白馬紫金鞍。」此語一出，在場所有人為之震驚，將其譽為神童。

李榕與李鴻章同出於曾國藩門下，從才學上看，李榕要遠高於李鴻章。李榕那時有些看不起李鴻章。一次，李榕應李鴻章之邀去赴宴，穿了一雙磨破的鞋，李鴻章因而取笑他，說他應換一雙新的，李榕立刻反唇相譏：「鞋雖爛了，但底子還正。」李榕在暗諷李鴻章是監生出身，功名底子不正。好面子的李鴻章覺得十分尷尬，之後尋機報復。一八六九年，李鴻章罷免了李榕的職。

曾國藩在這封信裡談到，希望他吸取別人長處，多多學習，不斷提高。同時，他希望李榕把從別人那裡吸取的長處，在什麼事情上善意幫助過別人，開列一張清單給他看看。

曾國藩自己就是按照「取人為善，與人為善」這個原則來行事的，對自己的弟弟曾國荃也多次提及「九弟來久談，與之言與人為善，取人為善之道……」，曾國藩還寫過一副對聯：「取人為善，與人為善；憂以終身，樂以終身。」可見，曾國藩認為，做好了這個「善」字，與己與人都是一種雙贏。

3 · 不可以訐為直，尤不可背後攻人之短。

▌翻譯

不能把互相揭短作為直率，尤其不可以在背後攻擊別人的短處。

▌點評

本句摘自曾國藩的書信〈咸豐十年七月二十一日復李瀚章〉。李瀚章，字筱泉，一作小泉，其父李文安曾任刑部郎中。

一八四九年，李瀚章以拔貢朝考出曾國藩門下，初為湖南知縣。後來，曾國藩創建湘軍，奏調李瀚章至江西南昌綜理糧秣。一八五七年，李瀚章回合肥守制，曾國藩為父奔喪回籍；一八五八年，曾國藩奉旨復出督師，李瀚章則回南昌總核糧臺報銷。一八八九至一八九五年，李瀚章奉旨接替張之洞任職兩廣總督，兩廣總督乃是兼轄廣西地區的廣東、廣西兩省的最高統治者。

曾國藩在信裡談到，有些人看到處理公事時有誤卻不說，在一旁看著其失敗，這是不對的，要多說正話、實話，時間長了人們自然能看清你的用心。有時說直話也不錯，但是，不可以將互相揭短作為直率，更不可以在背後攻擊別人的不足之處。

曾國藩最不喜歡那種虛偽、做作，當面一套背後一套的小人，因此，他自己儘量不在背後議論別人的是非，同時還將這種觀點傳達給身邊的朋友與屬下。他認為，看到朋友的缺點與失誤不指出，是大錯特錯，有時坦率地指出，反而能增強人們之間的友誼。不得不說，曾國藩乃是深諳人性本質的智者之一。

六

審時度勢，以不變應萬變

1・惟「明」字甚不易學，必凡事精細考究，多看、多做、多問、多想，然後漸做成個「明」字。

▋ 翻譯

唯獨「明」不容易學到，所有事情必須精心考察、追究，多問，多思考，然後才能逐漸做到「明」。

▋ 點評

本句摘自曾國藩的書信〈咸豐十年正月十七日復喻吉三〉。曾國藩對喻吉三說，他的官職一天比一天高，同樣地，責任也一天比一天重，要用勤奮去處理庶務，用寬恕對待別人，用清廉贏得別人的尊敬，用精明來處理公務。其中，勤奮、寬恕和清廉這三個方面，他相信喻吉三是可以做到的，但是「明」字則非常不容易做到。只有對事進行精心細緻地考察、追究、觀察、實踐與多詢問等，才能逐漸做到「明」。

其實，簡單說來就是，要學會多觀察，學著在各種實踐中多總結，並從各種失敗中吸取教訓，讓自己變得精明起來。曾國藩較之於

普通人精明的地方就在於他敢於正視自己的弱點，從失敗中尋找原因，不斷完善自身。也正是因為這種略強於人的地方才使得他後來平步青雲，渡過了一次又一次難關，其能力與人品皆為世人所稱道。

2 · 應事接物時，須從人情物理中之極粗極淺處著眼，莫從深處細處看。

▋ 翻譯

在處理事情、待人接物時，須從人情事理中最粗最淺的地方去思考，而非從深處、細處的角度去看。

▋ 點評

本句摘自曾國藩的書信〈咸豐十年三月二十二日復李榕〉。曾國藩在這封信裡對自己的部下李榕諄諄教導，告訴他制訂一項措施並不困難，付諸實施才是困難的，以後應實實在在地貫徹實行才行。此外，在待人接物與處理事務上，必須從人情事理中最粗最淺的地方去考慮，從點滴小事入手，由易到難，由淺入深，才能真真正正做好實事，做對實事。

曾國藩在他漫長的官場生涯中，一直小心謹慎，做事從大局考慮，在具體實施時小心翼翼，極有章法。他深諳謹慎認真與按步驟而行事的重要性。從小處著手，才能使事情按預定的計劃有步驟地發展，為最終目標的實現創造條件。比如在軍事方面，他不但向士卒們

傳授軍事技能與灌輸道德思想，還親自選拔將帥，並不時與他們通信，提點他們，這些都為日後打勝仗創造了良好的條件。

曾國藩在為人與做事方面的成功，決非偶然，而是由日復一日的自我積纍與提高而成，他的智者之言，對大小關係的理解，處理大事時的審時度勢，都值得後人們反覆思索與傚仿。

3 • 主守則專守，主戰則專戰，主城則專修城，主壘則專修壘，切不可腳踏兩邊橋，臨時張惶也。

▌ 翻譯

主張防守就專門防守，主張進攻就專門進攻，主張守城則專門修城池，主張守堡壘則專門修堡壘，千萬不可以腳踏兩邊橋，事到臨頭時倉惶失措。

▌ 點評

本句摘自曾國藩的書信〈咸豐十年九月初三日復張運蘭〉。張運蘭即前面提到的凱章，湖南湘鄉人，清朝將領，是曾國藩器重的部下之一。

曾國藩在此信中教導其應如何運籌帷幄，他說道，守城是極為不易的，城內雖然有把守的士兵，但城外也得派一些士兵去保護運糧之道、供水之道，但他的手下只有三千士卒，唯恐不夠分佈。接著，曾國藩又談到，如果已經開始修葺城池，心中也有把握，那麼就由他來

制訂計劃，總而言之，「主守則專守，主戰則專戰，主城則專修城，主壘則專修壘，切不可腳踏兩邊橋，臨時張惶也」。

曾國藩以李元度的失利為例指出，一開始是在堅持守城，等到戰敗之後才退到城中分守要塞，孰料布置還未完成，敵軍就撲了上來，在這種士兵已經丟了士氣，軍械也丟失的情況下，防守還能堅持下去嗎？應事先制定好守城的計劃，早早分兵布置，頒佈約束將士的通知。隨後，待敵軍來襲，我軍在城上默默地觀察，將形勢觀察清楚之後再出城作戰。如果預估我方不能取勝的話，那麼就不要出城接戰。

曾國藩曾就自己率軍與太平天國軍隊作戰總結出經驗，指出：「就全域而言，則兩利相形，當取其重；兩害相形，當取其輕。又不得不捨小而圖大，捨其枝葉而圖其根本。」只有精細觀察，審清形勢，才能先謀後動，化被動於主動，改變不利的局面。

4 · 英雄舉事，變化無方。

▌翻譯

英雄舉事，根據（形勢）變化而更改方式。

▌點評

本句摘自曾國藩書信〈同治五年四月初五日復劉銘傳〉。

曾國藩在這封給劉銘傳的信裡談及，口外的馬很難購買，喇嘛廟、張家口兩地青草長出之時，也只能採購到一兩千匹，這樣的數量

是遠遠不夠的。那麼，該怎麼辦呢？曾國藩在這封信裡並沒有指出具體的方法，而是以多隆阿作比方舉例說明。他在信中說，多隆阿所率領的騎兵是最強的，但在陝西平定回民叛亂時，全部改為了步兵，這是為什麼呢？因為我方戰馬敵不過敵人的戰馬，所以依據形勢來轉變策略，這也便是「英雄舉事，變化無方」的道理。

曾國藩還高度評價了具有遠見卓識、有自我完善能力和應對變化能力的人，稱他們是真正的英雄豪傑。晚清社會混亂，唯有適應變化，為自己創造更多的機會與有利條件，才能取得成功。不拘泥於書本，不照搬別人的方法，抓住事物變化的本質與規律，善用各種因素去應對，便是「英雄舉事，變化無方」的精髓。

曾國藩是一個懂得不斷改變自我，並根據形勢變化而更改處事方式的人。正是因為這種不斷的改變，才奠定了他非凡事業的基礎。而且，曾國藩不但自己這樣做，還經常這樣指點別人，也正因為如此，他身邊的人才才會越來越優秀。

5・譬若舟行遇大風暴，只要把舵者心明力定，則成敗雖不可知，要勝於他舟之慌亂者數倍。

▌翻譯

比如行船時遭遇到了大風暴，只要掌舵的人心思明確，毅力堅定，那麼就算不知成敗如何，還是要勝過別的慌亂船隻數倍。

▌ 點評

本句摘自曾國藩的書信〈同治六年六月初二日復李鴻章〉。「明」字對曾國藩來說，更多指的是精明和高明。做事如果能夠精明，那麼離成功也就不遠了。許多人之所以失敗，有時並非因為實力不如人，而是缺乏一個「明」字，曾國藩對這一點看得很透徹。

李鴻章雖然聰明，但缺乏「心明力定」。同治六年，李鴻章鎮壓捻軍，開始時連吃幾次敗仗，心中有些慌亂了。同年六年，曾國藩寫信給他，提點道：「軍事棘手之際，物議指謫之時，唯有數事最宜把持得定：一日軍律不可騷擾；二日奏報不可諱飾；三日調度不可散亂。譬若舟行遇大風暴，只要把舵者心明力定，則成敗雖不可知，要勝於他舟之慌亂者數倍。」

據說，收到信後的李鴻章的慌亂心緒穩定了不少，開始冷靜沉著地應對戰局。但曾國藩仍不放心，之後又給他寫信：「今閣下當此艱危之局，望將躁急鬱迫之懷掃除淨盡。」意在提醒李鴻章要靜待時機，不可焦慮，只有穩定心緒，才能耳清目明，看清眼前形勢，精明地作出決斷。

曾國藩也並非是天生精明人，是在無數次磨難與挫折之後漸漸變得睿智與高明，練就出一種處變不驚的領導風範。更為難得的是，他能將自己的經驗與為官心得傾心相授給自己的親朋與忠誠的下屬門生。一個充滿大智慧的人，不僅僅是一個精明的人，更是一個有著寬廣胸懷的不平凡的人。

（三）

利可共而不可獨，
謀可寡而不可眾

——為官篇

身居高位，謹慎名利

1・大度者，不與人爭利，雖辦得掀天揭地事業，而自視常若平淡無奇，則成大器矣。

■ **翻譯**

大度者，是不和人爭利，即使做出了驚天動地的事業，仍將之視為平淡無奇，這樣才能成大器了。

■ **點評**

本句摘自曾國藩的書信〈咸豐十一年四月初六日復鮑超〉。曾國藩在信中教導鮑超要「小心大度」，不要被陞官之事衝暈了頭腦。

當時鮑超取得了非常多的功績，受到朝廷的褒獎，曾國藩知道他有驕縱的毛病，就寫信勸勉他要把這些功績和讚揚看得平淡一些，這樣名望和官位才能夠長久。

《三國演義》中的關羽，過五關、斬六將，立下戰功無數，堪稱古今第一奇人。然而，到了晚年，他由於過於驕縱，認為自己天下無敵，就算明知道敵軍有埋伏，也仍「吾何懼哉」，結果誤中奸計，落

得一個「南郡喪孫權，頭顱行萬里」的悲慘下場。可見，人一旦驕縱起來，就算有天大的本事，也會與成功失之交臂。

春秋戰國時期的李悝曾說：「以驕主御疲民，未有不亡者也。」曹操說：「山不厭高，海不厭深，周公吐哺，天下歸心。」蘇東坡也說：「一生喙硬無人，坐此困窮今自首。」陳毅也說：「歷閱古今多少事，成由謙遜敗由奢。」這些都是古往今來成功者的經驗之談，跟曾國藩的思想不謀而和。

曾國藩在咸豐十一年正月奏請以鮑超的軍隊為江、皖游擊師。隨後，鮑超渡江進行救援，在赤岡嶺大破太平軍，並將其主將劉瑲琳生擒。劉瑲琳是太平軍中很重要的一個人物，曾國藩都還尊敬地將其稱為瑲琳先生。可見，鮑超捉住了劉瑲琳是立了多麼大的一個功。

〈咸豐十一年四月初六日復鮑超〉一信寫於這場赤岡嶺之戰前，曾國藩對鮑超諄諄教導，叮囑其要「大度」，戒驕橫傲慢，不要過於重視名利，多做點實事，這樣以後的前途才不可限量。雖然這場戰鬥打贏了，可惜的是，鮑超並未完全將曾國藩的話聽進去，為人仍驕縱，且貪婪重利，後來被革職，離開了官場，其下場值得後人引以為鑒。

曾國藩一生都堅持自視平淡無奇，看淡勝敗榮辱，一旦心有浮躁，就盡快將其消除，他還曾說過：「凡人我之際，須看得平；功名之際，須看得淡，庶幾胸懷日闊。」其精神與境界值得人們多加揣摩。

2•得了名就顧不得利，莫作名利雙收之想，但立名揚萬古之志。

▌翻譯

得了名譽就顧不上得利益，不要有名利雙收的想法，但要立下名揚萬古的志向。

▌點評

本句摘自曾國藩的書信〈同治元年二月初四夜復鮑超〉。鮑超，生於一八二八年，卒於一八八六年，清末湘軍將領。他一生頗有磨難，官至提督，封子爵，後與淮軍鎮壓捻軍，卒諡忠壯。

曾國藩曾對鮑超多加器重，與他通過不少信，在信裡亦多加教導。他在前面提到的那封信裡對鮑超提出了兩點建議，一是要力戒「驕」字，二是要守「廉」字，其中，他重點談到了「廉」字。他認為，名聲、地位一天天顯赫起來的話，哪裡還有怕受窮的道理？經常讓下屬得到方便、利益，讓士兵們得恩典、實惠，他們就會心悅誠服。

曾國藩在信裡還說出了一句令人深思反覆回味的話：「得了名就顧不得利，莫作名利雙收之想，但立名揚萬古之志。」本句富有極深的含義與教育意義，但鮑超並未讀懂它，或者說，即便是讀懂了，但為了個人私利，仍把這話棄之一邊。

鮑超是湘軍將領中最為貪婪的一個。他率領的「霆軍」曾立下不

少戰功，深受曾國藩的青睞。但他有一個致命的缺點，那就是貪。他常剋扣軍餉，曾國藩曾為此幾次告誡他，但他均未放在心上。

太平天國軍隊被擊敗後，鮑超所率領的「霆軍」被解散。隨後不久，福建發生嘩變，原屬「霆軍」的千名士兵聚集在一起，聯合起來索要軍餉，在當時鬧出的影響很大，官員們費了很大的力氣才把這次動亂平息下去。

此事解決後，名聲極差的鮑差黯然歸鄉，此後一直抑鬱不得志。雖然其在一八八〇年時被授命為湖南提督，領軍前去解中俄邊境爭端，但沒過多久就因病返鄉。他本是一個聰明能幹、極有軍事之才的將領，最後卻只能官至提督，令人感歎惋惜。

3・古來多少英雄，功高名重，其後非敗於驕，即敗於貪。

▌翻譯

自古以來的許多英雄，功勞高名聲大，之後不是敗在了驕傲上，就是敗在了貪婪上。

▌點評

本句摘自曾國藩的書信〈同治五年正月初八日復鮑超〉。曾國藩曾說過，官場宦海是十分險惡的，在官一日，一日便在風波之中，要想平平安安地上岸，著實不容易。他曾詳細總結過歷代為官者成敗之關鍵，認為：「居官有四敗，昏惰任下者敗，傲狠妄為者敗，貪鄙無

忌者敗，反覆多詐者敗。」他將「四敗」寫在案頭之上，用於提醒自己。

鮑超的缺點在上文已經談過，雖然戰功不小，但卻為人貪婪，不斷剋扣軍餉，名聲不佳。曾國藩反覆寫信告誡他，卻未起到實質性的作用。

曾國藩在這封信裡還談道：「你多次屢建奇功，現在願你功勞越大越謙遜，不沾那些驕傲的習，總之要慎始慎終，保全美名。在處理財物的問題上，只取分內應得的合法的錢財，不拿瞞著眾人的不明不白的錢財……『名利』二字，只能籠絡住俗人，未必能爭取到真正的賢人……」。

為官者態度傲慢，表面上看十分風光，實際上是給對手可趁之機，隨時在旁下絆子設陷阱而自己卻渾然不覺；為官者過於貪婪的話，就只顧盈頭小利而不顧長遠利益，其結果必然十分淒慘。

曾國藩是一個很清醒的官員，他在順利的時候會考慮到不順的時候應如何應對，在興盛的時候會考慮到衰落時又該如何，這使他始終保持一種謹慎、冷靜的心態面對變幻莫測的官場，以及散發著欲望光環的名與利，也正是這種清醒的心態與頭腦使他後來順利地避免了歷代權臣丟命敗家的命運。

勤政廉潔，非沽名釣譽之工具

1·為將之道，謀勇不可以強幾，「廉明」二字則可學而幾也。

▌ 翻譯

作為將帥，謀略勇敢是不能勉強的，但「廉明」則是可以學到的。

▌ 點評

本句摘自曾國藩的書信〈咸豐九年三月初六日復吳廷華〉。在這封信裡，曾國藩告誡吳廷華要以「廉」字為本，同時還要注意「明」字，這兩個字可通過學習學到。曾國藩曾說過：「廉則己身與隨從之人一塵不雜，自無蒙蔽偏袒之虞。」對其而言，「廉」字為為官之本。

曾國藩還在信中談道：「士卒對於自己的將領，在銀錢財務事項上是否廉潔要求很高，如果做得不好，就會以此譏諷……只有自己做事廉明，公私支出收入款項讓所有士兵都知曉，才能讓士卒們佩服；而對那些小的款項與獎賞，可以處理寬鬆一點，讓下屬得到實惠，那麼這些人就願意聽你的使喚了。」

曾國藩之清廉，舉目共睹。他每餐只食蔬菜一品，決不多食，且秉性節儉，平時不衣帛。其女崇德曾回憶說，當年在江南督署時，李鴻章請曾夫人與小姐吃飯，可兩人僅一綢褲，相爭起來後，竟至哭泣。曾國藩得知後，便安慰女兒說明年如果他仍然繼續做總督的話，就給再添一條綢褲。年幼的女兒聽後，不覺笑出聲。曾國藩還曾為弟弟曾國荃要在老家另建新屋感到不滿，並說新屋落成後他決不住進去。

　　曾國藩雖然出身寒微，但他最終成為同治、光緒年間的「中興第一名臣」，這不僅取決於他的不懈努力，與他奉守的「廉明」二字也不可說不無關係。。

2・治軍之道，以「勤」字為先。

▌翻譯

　　治理軍隊的方法，當把「勤」字放在首位。

▌點評

　　本句摘自曾國藩的書信〈咸豐十年十一月十六日致宋夢蘭〉。曾國藩在這封信裡談道：「身體勤快就強健，安逸就生病；勤快持家的話，家族就興旺發達；處理國務勤奮就天下大治；治軍勤奮就能獲勝。」

　　可以說，曾國藩一生都在主張「勤」。一八六八年，曾國藩任直

隸總督。初到時，直隸因為第二次鴉片戰爭和鎮壓捻軍的戰爭摧殘，而現出一副破敗不堪的景象。

曾國藩來到後，作出了一番大刀闊斧的改革。他從整飭吏治、減輕民眾負擔入手，清理獄訟，誘導士林，治理河道，整理鹽務，辦理洋務教案，擴充練軍等等，展現出了驚人的勤奮。據悉，在清理獄訟時，他在半年之內居然結案四萬一千餘件，並親自參與一些重大案件，全身心投入到政務中。他每日從早忙到晚，極少有休息的時候，極為勤奮。

曾國藩到了晚年時，在右眼失明的情況仍堅持批閱公文，且到臨死前一日才停止寫日記。可見，一個人的成功，與他的勤奮決對脫離不了關係。

曾國藩講求率先垂範，言行合一，無怪乎越來越多人將他視為精神上的榜樣。

3・勤可以得名，廉則不宜有名，此中最貴體貼。

▌ 翻譯

勤政可以出名，廉潔則不宜出名，其中深義最值得（人們）細細體會。

▌ 點評

本句摘自曾國藩的書信〈同治五年二月初九日復受業陳枝蓮〉。曾國藩在信裡寫道：「『勤』字的效果要在百姓的身上體現，掛在百姓的口頭上。但是如果百姓們歌頌官員們的清廉，就會有炫耀、矯情的嫌疑，不是出於自然的可以持久的做法。因此，勤政可以出名，而廉潔則不宜出名。」

　　名聲是做官的最重要的本錢，為官不怕有勤奮之名，卻怕有清廉的名聲。因為廉潔是做官的最低標準，不便四處宣揚。

　　曾國藩對自己的要求極高，他從不多拿官府一分錢，從不收取賄賂，更不曾假公濟私，貪污腐化，是典型的清廉臣子的榜樣。

　　但勤政與廉政，兩者同等重要，不可缺一。如果只能做廉政，那麼這個做官的對自己的要求就太低了，勤政也十分重要，要為老百姓多辦實事，辦好事，為他們作出更多的貢獻。縱觀歷史，唯有勤政與廉政都能做到極致的臣子，才能將名聲流傳後世。

4・總要銀錢看得輕，然後志氣振得起。

▍翻譯

　　總要把銀錢看得輕一點，然後才能振得起志氣。

▍點評

　　本句摘自曾國藩的書信〈同治五年十二月初三日復劉松山〉。劉

松山，字壽卿，生於一八三三年，卒於一八七〇年，清末湘軍將領。他曾隨曾國藩對太平軍作戰，立下不少奇功，曾任廣東陸路提督。

曾國藩在信中讚歎劉松山果斷、有決斷力，只是之前奏請銀錢顯得太不知足，所以他規勸劉松山要把銀錢看得輕一些，這樣軍中將士的志氣才能夠振奮起來，因為他們知道統領沒有私人積蓄，就會更加擁戴統領。

曾國藩堅守一生的為官準則是勤政廉政。他說：「無論治世亂世，能勤能敬，未有不興者；不勤不敬，未有不敗者！」曾國藩的「勤政」是出了名的。據某大學歷史系博士生導師遲雲飛的統計可看出，曾國藩在直隸期間共上奏摺二百八十四件。曾國藩是在一八六九年三月擔任直隸總督一職，後於一八七〇年十月離任，在這短短的一年半時間裡，不到兩天便有一個奏摺產生，可見曾國藩之「勤」。

除了勤，曾國藩還做到了「廉」。曾國藩曾任兩江總督，巡視過揚州一帶，揚州鹽商連忙設宴款待。席間，各種珍饈美味擺滿了一桌，但曾國藩僅稍食一點而已，之後說道：「一食千金，吾不忍食，目不忍睹。」

曾國藩步入仕途後，其妻歐陽氏仍然儉樸節約，據她的小女曾紀芬在《廉儉救國說》中說：「先公在軍時，先母居鄉，手中竟無零錢可用，拮据情形，為他人所不諒，以為督撫大帥之家，不應窘乏若此。」曾家之節儉，由此可見一斑。

三

胸襟宏大，將心放寬

1・竊謂治身當以「不藥」二字為藥，治心當以「廣大」二字為藥。

▌翻譯

我認為保養身體，要以「不吃藥」作為藥，安治心神則應當以「心胸寬廣」作為藥。

▌點評

本句摘自曾國藩的書信〈同治元年七月初四日復李續宜〉。李續宜，字克讓，號希庵，清末湘軍將領，後官至安徽巡撫。

在這封信裡，曾國藩對其推心置腹，提點其應心胸寬廣。在他眼裡，李續宜聰明，學識過人，沒有哪一方面比不過古人，只是心胸略顯狹隘，如能寬廣一點，將會取得更好的成就。

古人常說：「惟寬可以容人，惟厚可以載物。」晉代的潘岳在〈西徵賦〉中提到：「觀夫漢高之興也，非徒聰明神武，豁達大度而已也。」一個人只有心胸寬廣，才能容納別人，別人也才會對他寬

容。君子的精神素質正是體現在這一點，不受一時衝動的情緒所擺佈，而是保持冷靜的頭腦，以寬廣的胸懷面對一切事物。

秦相李斯曾說：「太山不讓土壤，故能成其大；河海不擇細流，故能就其深。」事實正是如此，一個人的心胸寬廣，有容人之量，他所成就的事業就會很大；一個人的心胸過於狹隘，他獲得的成就必然就會很小。就像楚霸王項羽，因為心胸過於狹隘，不能容人，最終兵敗垓下，自刎烏江，而他的死對頭劉邦，則因為心胸寬廣，最終成就宏圖霸業。

曾國藩在官場上並非一帆風順，在最艱難的時期，更深刻地認識到了氣量對成功的重要性。咸豐七年二月，他的父親去世，悲痛萬分的他不等朝廷批假，就立刻回藉奔喪。這下，一直對他怨懟有加的的權貴們有了彈劾的理由，甚至湘軍部分將帥也表現出了對他的不滿。可以說，這對曾國藩來說是個打擊。他在家裡待了一年多，沉靜獨處時，開始反省往昔在為人處事方面的不足之處。

不久之後，傳來了其弟曾國華在三河戰死的消息，他一下變得極為消沉，認為自己「惰忿之心蓄於方寸，自咎氣量太小，不足任天下之事。」一年之後，他的坐冷板凳的境況仍未改變，他心憂苦悶：「思身世之際甚多，抑鬱不適於懷者，一由偏淺，一由所處之極不得位也。」經過了漫長的反思與思考之後，再次獲重任的他，將所有的心中鬱結都放下，他認為應該一切拿得起，放得開，才能擺脫困境。如果深陷鬱結怨恨裡不能自拔，就難以自立，更何談建功立業。

曾國藩一生都特別注重修身養性，特別是對於前人關於心胸寬廣

的認識，更是不可多得。他教導李續宜的這番話，至今仍是值得我們學習和借鑒的人生智慧。

2・自古聖賢豪傑，文人才士，其志事不同，而其豁達光明之胸大略相同。

▌ 翻譯

自古以來的聖賢豪傑，文人才士的志向與事業雖各有不同，但他們在豁達的氣度，光明正大的胸襟方面卻是大致相同的。

▌ 點評

本句摘自曾國藩的書信〈同治二年三月二十四日致沅弟〉。曾國藩極為欽佩胸襟坦蕩之人，同時也注意到，古往今來的大多失敗者，都敗在沒有氣度，心胸狹隘上；而那些聖賢豪傑與文人才士們則都擁有豁達的心胸與氣度。

心胸寬大的人能坦蕩無私，不去計較個人的得失，不與人爭高低，具有一種大氣度。三國時的孫權便是一個心胸寬廣的人。當年，張昭曾主張向曹操投降，孫權雖未答應，但也未將張昭當成投降派，沒有找他秋後算帳；諸葛瑾是諸葛亮的兄長，但孫權並未認為其有「通敵」嫌疑；在心胸寬廣的孫權眼裡是沒有壞人、也沒有奸臣的，因而許多聰慧過人的勇猛將士拼死為其效忠。

從古至今，只有心胸寬廣的人才能有大作為。要想讓自己的心胸

寬廣，只有不斷讓自己的眼光遠大起來，豐富自己的知識與情操，這樣才能將自己的主要精力投入到事業中去，從而更好地提高自己。心胸寬廣的人，往往擁有大局觀念，能丟棄私利而顧大利，是一個注定會在事業上有大成就的人。

3 • 富貴功名皆人世浮榮，惟胸次浩大是真正受用。

▌ 翻譯

富貴功名皆為世間的虛榮，唯有胸懷寬大才能（使自己）真正受益。

▌ 點評

本句摘自曾國藩的書信〈同治三年正月二十六日致沅弟〉。當時，曾國藩的弟弟曾國荃一心只想在與太平天國軍隊一戰中居功首位，曾國藩便告誡他，就算真的攻下了南京，也應明白不居功的道理，所謂的富貴功名，皆為人世浮榮，只有胸襟寬大，才能使自己真正受益。

古代君子之道，多推崇輕名利、重仁義。在古人看來，富貴功名皆如塵土，因為這些東西而起貪念，或者與別人發生爭執，都是非常不利於修德進業的。所謂「人之初，性本善」，人的本性都是純善的，如果因為富貴功名而起貪念，就會離本性越來越遠。這個人不僅會變成重名利、輕道義的「衣冠禽獸」，而且他的事業發展也會停滯不前。

曾國藩為官幾十年，左右逢源，功成名就，「雖詬病不絕，卻容寵不衰；雖備受詆毀，然善始善終」，秘訣之一就是淡泊名利，堅持謙守退讓之術，這個秘訣既讓他獲得了不少人的尊重，也讓他避開了不少無形中的災禍。

　　古人云：「海納百川，有容乃大。」要想成就一番事業，就得擁有海納百川的氣度和超人的氣量，更能容天下難容之人，包容不同的意見和看法，才能創下大業。

　　林肯入主白宮前，曾與道格拉斯辯論。他說誰入主白宮並不重要，而黑奴制度該不該廢止，才是最重要的問題。如果你入主白宮也能解放黑奴，那麼，我願意將我的位置拱手相讓。從中，人們可以窺見一位有氣魄有能力有宏大胸懷的領導者形象。

　　人生最大的財富並非富貴功名，而是智慧，是對待世間萬物的心態和胸懷。心態平和，胸懷寬廣，天地萬物便會收藏其中。曾國藩本句的深層含義，就算放到今天，也很值得人們深思。

4・大抵能下人，斯能上人；能忍人，斯能勝人。

▌ 翻譯

　　能做卑下之人的人才能成為人上人，能容忍他人的人才能超越他人。

▌ 點評

本句摘自曾國藩的書信〈同治五年十月初九日復陳湜〉。陳湜一向是曾國藩的得力部下，因此曾國藩對他的提點也是多多。

曾國藩在此信中談及：「你（陳湜）正值英年氣盛，一定要立志且有所作為。縱觀古往今來那些功成名就的人，不一定全都是才能出眾的人。總的來說，能做卑下之人的人才能成為人上人，能容忍他人的人才能超越他人。」

曾國藩進軍江蘇境內時，曾有一個人前來投軍。這個人頗有點小心計，知道曾國藩不喜那種喜歡誇誇其談的人後，便在言談上極注意分寸。曾國藩後將他留了下來。但沒想到，這個人是十足十的騙子，到軍中沒多久後就卷走了一筆錢，然後跑路了。曾國藩的下屬們十分憤怒，請求派兵捉拿，但被曾國藩阻止了。

曾國藩認為，一個人能騙得了他，說明這個人是有一定才學的，錢財丟了是小，萬一追捕他追得太厲害，他轉而投向敵軍，那他們這邊的麻煩豈不是更大了嗎？眾下屬聽後，無不表示歎服。

胸懷的高度直接決定著一個人的地位高度，所謂站得高，才能看遠，看得遠，胸懷才能寬廣。當人們為一些小事斤斤計較時，只能使自己陷入了思維的死角，並直接使自己的地位「降級」。

5・不居大位享大名，或免於大禍大謗。

▌翻譯

不居大位不享大名，或許能避開大災與大的誹謗。

▌點評

本句摘自曾國藩的書信〈同治五年十一月初三日諭紀澤〉。雖然曾國藩大半生都沉浸於官場、戰場中，但他對名利始終堅持淡泊二字，他說：「淡泊二字最好，淡，恬淡也；泊，安泊也。恬淡安泊，無他妄念也……而趨炎附勢，蠅頭微利，則心智日益蹉跎也。」

曾國藩一生周旋於官場中，被政務、軍務纏身，要說完全不在乎功名利祿是不可能的，但他很懂得把握其中分寸，懂得什麼時候該爭取，什麼時候又該淡然處之。如果把所有的精力都放在追名逐利時，就走向了極端，反而得不償失。

《菜根譚》裡有曰：「名為招禍之本，利乃忘志之媒。」歷史上爭名者不一定能得名，奪利者未見得能獲利，只有在名利得失上保持平常心，將名利地位看淡一些，才不會淪為名利的「奴隸」，隨時能保持心情愉快。

曾國藩常將古人開闊胸懷，淡然物外的處世態度視為榜樣，以此來排解內心的焦灼與煩躁，他曾對李續宜說：「向每謂沉悶非養生所宜，乃以潤帥之軒昂豁達，亦復不登中壽，則知命之修短，事之成敗，名之顯晦，皆有冥冥者主持。吾輩但求大德不甚逾閑，此外正當委心任運，淡泊相遇。閣下勸我寬懷，僕亦願閣下曠然自適也。」

6 • 閣下宜以「寬」字自養，能勉宅其心於寬泰之域，身體不就孱弱，志氣不至摧頹，而後從容以求出險之方。

▌ 翻譯

　　閣下應以「寬」字來自我調養，如果把心放在寬鬆安然的境地，身體便不會孱弱，志氣不會頹喪，然後便能從容地尋找擺脫險境的方法了。

▌ 點評

　　本句摘自曾國藩的書信〈同治七年三月二十九日致陳湜〉。陳湜，字舫仙，湖南湘鄉人，為人聰敏，應變力強。一八五六年，陳湜參加湘軍；一八六一年，以功擢道員；一八六二年，從曾國荃圍攻南京；一八六四年，攻陷南京後，以按察使記名；一八六五年，授陝西按察使，調山西；一八八二年，經曾國荃奏調，統水陸諸軍，兼治海防，同時駐軍吳淞；一八八六年，統南洋水師，總湘、淮諸軍營務，授江蘇按察使。

　　陳湜才智出眾，卻官路波折崎嶇，未得太大的高升，與他本人有很大的關係。他身上的書生氣太濃，心胸不夠寬大，且遇挫折後容易心灰意冷。實際上，曾國藩在官場上所遭遇的風險與暗礁比陳湜大得多，但曾國藩卻以自己極高的修養與高明的手段渡過難關，化險為夷。

　　陳湜是曾國藩頗為看重的人。一八六七年，陳湜駐防汾州，後遭

免職。原因是，那年冬天捻軍趁著黃河冰凍，越過冰面，進入山西，後於次年春天進入北京附近。陳湜負有疏於防範之責，因而被免。曾國藩便寫了這封信來勸慰陳湜，勸他「以『寬』字自養，能勉宅其心於寬泰之域」。

一個心胸寬廣、看淡得失的人往往才是能成就偉大事業的人，一個斤斤計較、心胸狹隘之人永遠都攀登不上事業的最高峰。

7・將此心放得寬，養得靈，有活潑潑之胸襟，有坦蕩蕩之意境，則身體雖有外感，必不至於內傷。

▌翻譯

將心放得寬鬆，養得靈活，擁有活潑的胸襟，坦蕩的境界，那麼就算身上遭受外部傷害，也一定不會造成內傷。

▌點評

本句摘自曾國藩的書信〈同治七年六月二十一日復陳湜〉。前面提到陳湜被免職，曾國藩寫信勸慰，在三月份寫了一封信後，又於六月再寄一封，以表對其的關心。

曾國藩在這封信裡談到，古人遭受磨難的時候，正是增長德行的時候；聖賢之所以成為聖賢，而佛所以能成佛，其成敗關鍵都在於經受大的困難磨煉的時候，能「將此心放得寬，養得靈，有活潑潑之胸襟，有坦蕩蕩之意境，則身體雖有外感，必不至於內傷」。他擔憂其

不能開闊心胸，無法擺脫俗見，這樣既是不惜自己身體的方式，也非英雄豪傑的達觀態度。

曾國藩一向認為「養身先養心」，「治心之道，先去其毒」，戒掉「貪、嗔、癡」三毒，這樣心胸才能寬大，情緒才能平和。

此外，要想胸懷廣大，還要從「看淡」這兩個字上下功夫。凡是為人處事，都要有平常之心，對於功名也要看淡一些，心胸才能開闊。

《論語》裡也說：「君子坦蕩蕩，小人常戚戚。」意思是君子襟懷坦白，安貧樂業，知足常樂，所以坦蕩蕩，而小人欲念過多，患得患失，怨天尤人，因而心懷戚戚。曾國藩將小人視為那種見識小、度量小的人，這樣的人因為見識與度量的狹小，才致君臣、朋友、父子、兄弟、夫婦之間產生猜忌。曾國藩更推崇君子之德，胸懷寬廣，才能有益於國，有益於民。

四
不染壞習，踏實肯幹

1. 自以專心讀書，不染官場氣習為妥，即世態人情，亦不
宜遽令識透。

翻譯

自應以專心讀書，不沾染官場習氣為好，即使是世態人情，也不
宜馬上讓他看透。

點評

本句摘自曾國藩的書信〈咸豐十年閏三月二十四日復李續宜〉。
曾國藩在信中談到了羅遵殿，並對其子羅忠祜關愛有加，希望他不要
太早染上官場習氣，還是專心讀書為好。

羅遵殿，道光十五年進士，曾歷任南樂、唐山、清苑等縣縣令和
冀州知州，還曾被提為浙江湖州知府、湖北安襄鄖荊道。咸豐三年，
羅遵殿代理湖北按察史，防守襄陽，多次擊退太平軍與捻軍。他與曾
國藩的關係非常不錯，曾國藩將他視為自己人。

咸豐九年，被升為福建巡撫的羅遵殿被調往浙江，沒過多久，太

平軍就開始進攻浙江。咸豐十年，太平軍從獨松關進逼杭州，蕭翰慶、李元度率軍從湖南來支持，沒想到蕭翰慶戰死，李元度也受到阻攔，無奈之下，羅遵殿只得向江南大營求救。欽差大臣和春派張玉良來救援，但沒料到的是，將羅遵殿視為眼中釘的何桂清與王有齡有意讓張玉良在蘇州停了兩天，就因延誤了這兩天，導致杭州城失守，不願淪為俘虜的羅遵殿自盡而亡，其妻及女兒也一同殉難。

羅遵殿死後，曾國藩就開始為其子羅忠祜的成長而擔憂。他在這封給李續宜的信中提到：「羅忠祜正值青年，應當以專心讀書，不沾染官場習氣為好，即使是世態人情，也不宜讓他馬上看透。早看透的話，就會使其本質日趨浮薄。當品性浮薄後想再返回原來的醇厚，可說是太難了……」。

曾國藩對於朋友的兒子就像對待自己的子女一樣，希望他們順利成長，有一番作為。他之所以在信上提到這番話，是因為他懂得一個人年齡不夠大的時候，對各種複雜的現象與關係缺乏理解，很容易在人生方向上走偏。因此，應把教育的重點放在品質的培養上，讓其順其自然地成長。過早沾染官場習氣，過於早熟，只會對其的前程有害無利。

2・大抵激之而變薄者，吾輩之通病。

▌ 翻譯

大概受到世俗的刺激後，性情由淳樸變得浮薄，是我輩的通病。

▌ 點評

本句摘自曾國藩的書信〈咸豐十年五月十九日致李續宜〉。在這封信裡，曾國藩先是誇獎了李續宜處事得當，識人有道之後，又寫道：「你近來嚴於律己，每天的進步都很大。一般來說，受到世俗刺激後，性情會由淳樸變得浮薄，這也是我輩的通病。以後希望你能暗自試驗，如果在受到世俗刺激之後，仍不變浮薄，那便是進步的標誌。」

接著，他又提道：「多隆阿雖有不少長處，但他的部下難免帶有些官場習氣，這便變成了他的短處。你與他來往的時候，可以對他提下這點，讓他在純樸的人中來選拔人才。你的部下雖有許多人是純樸的人才，但驕氣仍在所難免，希望你平時多觀察一下，然後對出現這種情況的部下嚴厲訓誡一下……」。

曾國藩最厭惡的是不肯辦實事的官僚，因此，他在選才時一般更注重人的德行，特別強調要在「純樸人的中選拔人才」。他指的純樸是那些樸實、無官氣、不巧語媚上的人，這些人不染官場壞習，踏實肯做，吃苦耐勞，頑強不屈，是可以選用的人。選擇純樸的人才，之所以可以「蒸蒸日上」，除了因其有利於社稷外，還因為人的一舉一動，一語一默，可以影響身邊更多的人，人皆仕之，以成風氣，成為一種良性迴圈。

也正因為曾國藩對「不染官場壞習」的看重，不斷對自己高標準、嚴要求，才使自己越來越受人們的尊重。

3 • 莫說半句荒唐之言，莫做半點架空之事。

▌翻譯

不說半句荒唐的話，不做半點虛空的事。

▌點評

本句摘自曾國藩的書信〈同治元年七月十二日復歐陽定果〉。歐陽定果是曾國藩的侄子，曾國藩對其就像對自己的子女一樣，一得空便對其教導與提點。

他先是在信中詢問了一下侄子的近況，問他在熊字營的操練演習還勤奮嗎？接著，便立刻問操練演習是否擾民，他寫道：「應常常勸誠各兵勇嚴禁騷擾百姓，保全好名聲，這點十分重要。賢侄應立志做一個好人，對此，第一貴在勤勞……第二貴在謙虛恭敬……第三貴在誠信求實，不說半句荒唐的話，不做半點虛空的事……」。

曾國藩從小接受的是儒學教育，因而對德行極為注重，無論是在官場還是生活中，他都從未放鬆過自己。他認為，首先要修身，先做個好人，然後才能做好官，能做事情。其中，實事求是，踏實肯做等特質十分重要，他曾說道：「實事求是，不徒託諸空言，是辦事第一義。」這點也是為官的重要準則。

「莫說半句荒唐之言，莫做半點架空之事」，只有做到這點，才能使自己在官場中贏得好口碑，樹立良好的形象，有利於自己在事業之途上走得更遠。

4 • 令兄每遇褊急之時，有所作為，恆患發之太驟。

▌ 翻譯

令兄（郭嵩燾）每次遇上性情急躁的時候，想有些作為，總是有做事太過急躁的毛病。

▌ 點評

本句摘自曾國藩的書信〈同治五年五月初四日致郭昆燾〉。

郭嵩燾，是郭昆燾的兄長，生於一八一八年，卒於一八九一年，是湘軍的創建者之一，晚清知名的官員，中國首位駐外使節，也是近代著名的思想家。他在一八七八年時兼任駐法使臣，後於次年迫於壓力，對外稱病辭歸。

在信中，曾國藩表現了對性情易急躁的人的不滿。他在信中說：「你（郭昆燾）的兄長郭嵩燾和左宗棠由知心好友變成不共戴天的仇人之後，心中當然不可能沒有一些憤恨，然而這些只能放在心裡，反覆辯說……你的兄長每次性情急躁時，總想有些作為，但做事卻總過於急躁……」。

郭嵩燾雖然是個很有思想的官員，但其急躁的性格是阻礙他繼續在事業路上前行的障礙。他擔任廣東巡撫一職後，為了改變那裡的狀況，操之過急，便與兩個總督發生了矛盾，與左宗棠也反目成仇。

雖然矛盾雙方都有責任，但無可否認，與郭嵩燾自己也有關係。

曾國藩在信裡毫不留情地指出了郭嵩燾在性格上的弱點，同時讓郭昆燾從中幫忙，對其加以勸解。

　　曾國藩認為，辦事與治學一樣，是需要逐步來的，絲毫不可以急躁。在官場中也一樣，急躁無法幫忙解決問題，只能將事情越變越糟。因此，官場上還是要少些讀書人的書生氣，少些急躁，性格慢慢變得沉穩，才能高升有望。

五 勇於攬責，乃有成事之可冀

1 · 以苟活為羞，以避事為恥。

翻譯

以苟活為羞恥，以逃避責任為恥辱。

點評

本句摘自曾國藩的日記〈咸豐十年閏三月十八日〉。對曾國藩來說，苟活為羞恥，「避事」而不積極幹事，任其職不盡其責，是人生中最大的恥辱。

曾國藩向來認為，堅忍支撐，可建非常之業，挺身入局，敢於擔當，才有成事希望。

唐代有個名叫王及善的人，據傳他「才行庸猥，風神鈍濁」，是個很不怎麼樣的人，後來居然當上了右相，沒提出什麼高明的舉措，更沒做出什麼有作為的事，唯獨不讓下屬官吏們所騎的毛驢進衙門，整日為驅趕毛驢而忙碌，因而被人們戲稱為「驅驢宰相」。這個故事展現出了人們對沒有擔當、不負責任的人一種厭惡與鄙視。

晚清的左宗棠的名聲雖在曾國藩之下，可其身上的一些優良品質也值得後人學習。當年，他主動請纓西征，在寄給家人的信裡寫出了自己的心聲：「天下事總要有人做，國家不可無陝甘、陝甘不可無總督，一介書生，數年任兼折，豈可避難就易哉！」他將自己的生死置之度外，寧願馬革裹屍，縱然前方萬丈深淵，也百折不回。一旦一個人具備了這種精神，且努力去做，還有什麼是不能做到的呢？

無怪乎曾國藩頻頻在書信與日記中提到擔當、攬責的重要性，正因為知道這種精神利己利民利國，他才對此進行了高度的讚揚。

2・說話不中事理、不擔斤兩者，其下必不服。

▌翻譯

說話沒有條理，無法承擔重責者，其下屬必不服氣。

▌點評

本句摘自曾國藩的書信〈咸豐十一年四月初八日致沅弟〉。曾國藩向來注重對將領們的訓練，將其能否承擔重責作為合格的一個重要標準。他不但曾寫信給弟弟，教導其要勇於承擔責，還寫信指點過其它人。

他在給姚浦的信裡就曾說道：「將領之浮華者，足以淆亂是非。是故楚軍歷不喜用善說話之將，非僅弟一人然也。」對於一個將領，所謂「不善說話」，而是要求將領力誡「浮華」，一個說話「浮

華」，淆亂是非者，很難讓眾下屬佩服。

另外，「不擔斤量者」同樣會使別人不服。曾國藩在選將時注重德才兼備，但更注重血性。血性指的是忠義精神，以及其是否能主動攬責，承擔重責等。因而曾國藩偏好選擇淳樸型的人才，這類人以忠義廉潔為本，無「浮華」之氣，也不會講資格擺架子，而是踏踏實實做事，以實幹為主。這類人才是真正讓下屬們與同僚們欽佩、欣賞的人。

3·鄙人亦不敢置身事外，但僅統兵萬餘，專辦一路，如昔八、九等年規模，或可免於大戾。

▌ 翻譯

我也不敢不管軍務，將自己置身事外，僅率領一萬人左右的軍隊，專負責一路軍務，只像過去咸豐八年、九年的規模，大概可以免除大的罪過。

▌ 點評

本句摘自曾國藩的書信〈同治三年四月三日致李鴻章〉。在這封信裡，曾國藩表現了自己的「擔當」精神。

他在信中寫道：「……外面的人都懷疑我兵權過重，大多都說四個省抽取的釐金源源不斷送我這裡，而各地的將帥兵士，對我都一呼百應。他們對我的疑慮並非是沒有原因，但士兵孱弱，且缺乏軍餉也

是實情……我打算立即將這種艱難的情形一一上奏，請求將欽差的印信和總督的印信依次交出，但我也不敢不管軍務，將自己置身事外……」。

同治三年，太平天國被鎮壓，曾國藩便成了風頭人物，各種矛頭都向他指來，且朝廷對他也有所猜忌。他寫給李鴻章的這封信，便清楚地體現了自己的這種艱難處境。按說，他此時傚仿前人事成而後身退是最好的做法，可以消解掉各方對他的猜疑，也能全身而退。但他並未這樣做，只是將「欽差的印信和總督的印信依次交出」，仍然勇於攬責，擔當大事。

曾國藩認為，擔當大事，全在自強。一個人只有注重自己內心的修養，提高自身的素質，才能逐漸養成聖賢標準的道德的品行，才能有擔當。曾國藩曾將奏摺上的「屢戰屢敗」改為「屢敗屢戰」絕非文字遊戲，而是一種有責任、有擔當精神的體現。

曾國藩受儒家思想教育很深，而儒家所強調的便是擔當意識，在危難面前，不可以因為種種困難而逃避、迴避責任。在曾國藩心中，「天下興亡，匹夫有責」絕不僅僅只是一句口號。

4 • 蓋統將之道，必須身先士卒。

▋ 翻譯

作為統領一支軍隊的將領，必須在作戰時親自帶頭，衝在士兵前面。

■ 點評

本句摘自曾國藩的書信〈同治六年三月十六日復李昭慶〉。李昭慶，生於一八三三年，卒於一八七三年，李鴻章的弟弟，曾從曾國藩鎮壓捻軍，官至記名鹽運使，贈太常寺卿。

曾國藩在信裡提到：「你（李昭慶）說想辭去營務、統軍兩個職務，打算隨兄長一起處理事務。對於這點，我不能強行勸阻，你的兩位兄長也很難勉強。作為統領一支軍隊的將領，必須是本人要先做到身先士卒……倘若你沒有項羽破釜沉舟的氣勢，沒有馬援視死如歸的意志，只是因他人勉強而擔當，那麼心中不免會有抱怨之情……」。

曾國藩的得意門生李鴻章家中的大多數人都從軍，但李瀚章與李昭慶都不是直接統軍之將，只是幫辦軍務之人。原任淮軍統領的李鶴章中途辭職從商，這下，李家除了李鴻章外，竟無一人統一軍。李鴻章在這種情況下，不得不培養自己的弟弟李昭慶，希望他以後能成為一名將領，這種想法獲得了曾國藩的支持。

身負重望的李昭慶帶著軍隊前往了平捻前線，但幾次仗都打得不順心，因此萌生了辭職的想法。於是，曾國藩對他寫了好幾封信，對他加以勸慰與提點，希望他能勇於突破自己。

縱觀自古以來的成功人士之道，無一人是沒有「擔當」的，不負責任的人無法成就一番事業。對於曾國藩來說，勇於攬責也是通往成功之路的一條硬道理。事實上，曾國藩的一生都沒有離開「勇於攬責」這四個字。

六

善用言辭，溝通有道

1·辭謝出以至誠，著語亦不必過於切實，恐不知者疑為矯也。

▊ 翻譯

你的辭謝出於至誠，使用的詞語也不必過於切實，免得不瞭解情況的人疑心為矯揉造作。

▊ 點評

本句摘自曾國藩的書信〈同治元年七月二十二日復李續宜〉。曾國藩在信裡談及：「辭謝出以至誠，著語亦不必過於切實，恐不知者疑為矯也。」

所謂伴君如伴虎，奏摺是直接呈給皇上的，萬一一個不小心，可能項上人頭就保不住了。因此，曾國藩極為重視奏摺。一般來說，奏摺是在幾天後才能到達京城，待皇上打開之時，可能中間又會發生一些情況，也許就會產生一些誤會。為避免發生這種情況，雖然要說實話，但不能把話說得太死，要將可能發生的變數考慮進去。簡單點來說，就是寫奏摺時要留有一定的餘地。

奏摺是大臣與皇帝溝通的一條最重要管道，尤其是對地方官員而言，面見皇帝很難，於是只能通過奏摺來稟報要政大事。奏摺也是臣子與皇帝聯繫感情的主要紐帶，皇帝可通過奏摺看出所委任官員對他的情誼深淺，對自己是否忠心等。奏摺裡也有文采十分出眾的篇章，若干年前，曹丕的一句「文章乃經國之大業」流傳後世，被無數文人所引用。

曾國藩在奏摺方面下過不少功夫，他通過學文章來提高寫奏牘的水準，並從一些最擅長寫奏摺的古人的相關篇目下手來學習研究。曾國藩的奏稿文風樸實、平淡，行文綿裡藏針，細密老練，具有極高的水準，所以後人將其稱為「天下奏牘第一把手」。

奏摺裡學問與智慧很深，寫得好可以直接獲得皇帝的賞識，寫得不好，必會遭其厭棄。

2 • 閣下向來每遇得意之際，說話多不檢點。

▊ 翻譯
你向來每當遇到得意之時，說的話大多不檢點。

▊ 點評
本句摘自曾國藩的書信〈同治五年五月二十日復吳坤修〉。曾國藩在信裡對吳坤修叮囑道：「……來信中所說的『不讓自己因私事而獲罪』幾句話，看得出你立下了堅定志向，實在令人佩服。你向來是

每當得意之時，說話便不夠檢點，又因在幕府遊歷時間過長，便沾染了頗重的官氣，你在湖南、江西的聲望受到影響，大概是由於這兩個方面的緣故……」。

據說，曾國藩曾是多言之人，後來因開玩笑得罪了不少人，所以專寫了「謹言箴」用以告誡自己。之後，曾國藩說話越來越謹慎，人們通常能發現，曾國藩說話語遲，坐在一個位置上常一言不發，不露而威。

曾國藩還曾要求自己的兒子說話也要略慢一點。很多人由於說話快會造成一些不好的後果，比較容易得罪人等。說話快的時候，很多話可能只是不假思索便說出來了，其中便會有許多不妥之處。曾國藩因而叮囑他的兒子，說話時不要太快，與人答話時要略微思索一下再來接話。由此可見，曾國藩是一個在說話方面很謹慎的人，每句話都很中規中矩，不讓政敵或別有用心的人拿住他話裡的把柄。

曾國藩能做到這點，想必是深諳「禍從口出」的道理。

3・自出京後，在軍十四年，所奏之折無一語不樸實，無一字不謹慎。

▍翻譯

自從離開京城後，在軍隊十四年，所上奏的摺子中沒有一句話是不樸實，沒有一個字是不謹慎的。

▋點評

本句摘自曾國藩的書信〈同治五年十一月復鮑超〉。曾國藩認為：「奏議是人臣最要之事。」如何與上級說話，怎樣說話，是為人臣子必須要關注的事。

在信裡，曾國藩對部下鮑超叮囑：「……你雖然可以單獨向朝廷遞呈奏章，但務必小心，不可以胡亂說話。如果隨意地、沒有根據地亂說話，也許會惹惱皇上，不准你再次上奏，反而就有失你的體面，又辜負了我對你的期望。道光末年，我在京城為官向朝廷啟奏時，言詞頗有鋒芒。自從離開京城，在軍隊裡待了十四年，所奏的奏摺裡沒有一句話不樸實，沒有一個字是不謹慎的……我所寫的兩篇奏摺，也仍然極謹慎，特地抄寄給你……」。

曾國藩對奏摺極為重視，一方面這是為人臣子的本份，另一方面體現在了臣子對朝廷的尊重。曾國藩在寫奏摺時，通常都是自己親自動手，且下筆之前會反覆思慮，直到覺得考慮周全為止。如果是幕僚為他代筆的話，他一定會親自修改，確認無誤後才敢向上遞呈。李鴻章曾為曾國藩寫過奏稿，其高超的文筆與才學深受曾國藩讚賞。

七

處事圓融，注重人脈

1・竊謂居高位者以知人、曉事二者為職。

▌翻譯

我認為身居高位的人應把瞭解他人、通曉事理這兩點作為自己的本職事務。

▌點評

本句摘自曾國藩的書信〈同治三年六月初三日復郭嵩燾〉。

曾國藩在信裡說道：「我認為身居高位的人應把瞭解他人以及通曉事理這兩點作為自己的本職事務。誠然，瞭解別人是不易做到，但通曉事理則可以憑藉閱歷勉強達到。通曉事理，無論對於同自己意見相同還是不同的，全都可以慢慢開導，使其領悟……如果不通曉事理，那麼挾私忿辦事固然錯誤，秉公辦事也同樣會犯錯誤，作為小人自然出錯，就是君子也會出錯……再加上不瞭解人，那麼必然始終背道而馳，絕對沒有彼此和睦協調一致的道理……」。

曾國藩之所以能居高位，正是因為他具備知人曉事的才能。如果

一個人身居高位，卻無法判定似是之非，也無法分辨偽善之人，那麼，位置越高，也就越危險，甚至隨時會有掉下來的危險。官場錯綜複雜，上位者不懂圓融，不注重人脈，將會把自己推入非常危險的境地。

仕途向來變幻，曾國藩置身於漩渦之中，但最後能混得如魚得水，最後全身而退，除了他自身聰敏、善於應變外，還因為他善於靈活地處理各種關係，圓融處事，才使自己在宦海的風浪中穩步前行，最終邁向輝煌。

2．閣下居高處事，如能於天真爛漫中略加慮以下人之意，則忠信篤敬，上下共亮，必不至多所齟齬。

▌ 翻譯

閣下居高位處理政務時，如果能在天真爛漫中考慮加上一點謙以待人的態度，那麼忠誠、信任、務實及尊敬的品行一定能得到上司、下屬的理解，自然也就不會發生太多不和的事。

▌ 點評

本句摘自曾國藩的書信〈同治九年五月二十六日復李士棻〉。曾國藩在這封信裡談到了如何處事圓融，其中，「如能於天真爛漫中略加慮以下人之意」是其的真誠建議。

曾國藩認為宦海無常，世途艱難險惡，想要在其中生存絕非易

事，因此多懂一點處事圓融之道，對李士棻是只有好處而沒有壞處。

李士棻是曾國藩門下極為重要的一個人物，但生性狂傲，讀書人的氣息重，給其仕途造成了很多麻煩。曾國藩勸其謙以待人，注意協調人際關係，重視人際交往。儘管曾國藩總是對外說自己「拙愚」，但他其實是個城府很深的人。他在官場上與人交際上從不與誰過密交往，不捲入高層政治鬥爭，不做無謂的犧牲品。他在說話方面極有分寸，尺度拿捏得極好，在與人相處時，更是以友好謙和的態度贏得對方的尊重。

官場的險惡絲毫不亞於戰場，人際關係有時能對一個人陞遷或被貶起著決定性的作用。如果不注意與人交往時的態度與言辭，就極可能為自己惹來不小的禍端。曾國藩也許就深知這種厲害關係，因此在這方面下足了功夫，並最終為自己贏得了良好的名聲。

3·如能和光同塵，處事縝密，出言必謹，則獲上信友，必當重履亨衢。

▌翻譯

如能不露鋒芒與世無爭，處理問題細緻嚴密，說話謹慎，就能獲得上級的信任與同事的交好，必能重新登上平坦大道。

▌點評

本句摘自曾國藩的書信〈同治十年五月初五日復李士棻〉。曾國

藩在這封信裡表現了對李士棻的關心，他寫道：「……世途險惡，官場上的風波，誠然都不是你個人的意願、計謀所能預料的，其中都有命運的成分。只是你太天真爛漫，在做官期間處理一切事務，往往徑直把事情辦完，沒能磨掉棱角，因此留下了許多矛盾。」接著，他談到「如能和光同塵，處事縝密，出言必謹，則獲上信友，必當重履亨衢」，提到了要不露鋒芒的重要性。

李士棻在京城做官時，就已頗有狂名。以他這種略帶狂傲的個性，在與上級和下級打交道時就會吃大虧。李士棻因為這個毛病在官場上四處碰壁，難以施展一身才學。曾國藩雖勸過他，但他始終難改這個毛病，後來遭到彈劾被罷官，離開了官場。所謂性格決定命運，大致便是如此。

與李士棻不同的是，曾國藩懂得收斂自己的鋒芒，懂得磨去自己的棱角，使自己適應詭譎多變的官場。他曾在給曾國荃的信裡提到：「故自戊午至今九載，與四十歲以前迥不相同，大約以能立能達為體，以不怨不尤為用。立者，發奮自強，站得住也；達者，辦事圓融，行得通也。」

通過本句可得知，在為人處事方面，曾國藩四十歲以前與四十以後有較大的分別，開始懂得「辦事圓融，行得通也」。正因為他做到了，所以成為了晚清最著名的重臣。

八

精鑽謀略，必能成功

1. 此次必須謀定而後戰，切不可蠻攻蠻打，徒傷士卒。

▌ 翻譯

這次作戰，一定要先考慮周到之後再作戰，萬萬不可硬攻猛打，徒傷士卒。

▌ 點評

本句摘自曾國藩的書信〈咸豐六年五月十四日早致彭鵬、羅董〉。曾國藩在這封信裡談到了作戰謀略。他認為：「……打仗沒有章法，追擊不講戰術，一直都是我軍最大的弊病。此次這戰，必須先考慮周到後才能作戰，不可硬攻猛打，徒傷士卒……」

對待戰役，曾國藩有種臨危不懼的心態，以及謀定而後動的智慧，他曾在自制的《五箴》裡有一首〈主靜箴〉：「後有毒蛇，前有猛虎。神定不懾，誰敢餘侮？先伊避人，日對三軍。我慮則一，彼紛不份。」此句意為心靜則神定，只要心神安定下來，就算是面對虎蛇都不會懼怕，這樣便能駕馭三軍了。正是在這種謀略思想的指引下，曾國藩率領的湘軍才最終攻破天京，打敗了太平軍，贏得勝利。

曾國藩可堪稱一個戰略家，統籌全域的領導者。他雖然很少去前線與敵軍對壘，但相當關心每場戰役的結果。在曾國藩的諸多信件中，人們還可以看到，他曾三番幾次告誡性子火爆的弟弟曾國荃，要求他對戰時要將心態穩住：「而第應持以謹慎專一之氣，雖危險數日，而後來得收多魚倉夾擊之效，確有六七分把握。」

所以說，不光是作戰，包括做任何事情在內，都得注意方法與技巧。面對強敵時，拼死硬碰除了給自己造成不必要的傷亡與損失外，別無他利。

2·兵事喜詐而惡直也。

▌翻譯
率兵打仗時需用詐，而不可以太過直率。

▌點評
本句摘自曾國藩的書信〈咸豐六年七月十三日致彭鵬、羅董〉。曾國藩於信中提到：「省中軍隊的這次進入本以攻打奉新為目的，但我擔心軍心不穩，易生禍端，所以決定先讓他們與援軍合兵一處，然後再一起向奉新開進。率兵打仗時需用詐，不可以太過直率，將領中如有人議論部隊不應繞道二十里，那就應對他嚴加斥責，並委婉地告知他們原因……」。

曾國藩在這裡鮮明地提出了「兵不厭詐」的觀點。古代有名的軍

事家孫武曾說過：「兵者，詭道也。」所謂詐，就是尋找機會，趁敵方不備，以較小的代價換取我方的勝利。顯然，曾國藩是將這個觀點為自己所用，並在領軍打仗時予以實踐。

曾國藩的政治哲學是以儒為名的，但他並未死守其術，而是將之與其它學問融會貫通，形成了自己的謀略智慧。他暗用申韓之術，揉進老莊之學，不拒絕謀劃與「使詐」，深諳兵法精髓，使自己能站在一個高角度來統籌全域。他以忠孝名義，招攬湘江子弟，組建湘軍，治國沒少用申韓法術，後期馳騁於政壇後，能用老莊柔術，進退自如。

所謂兵不厭詐，在領軍打仗時應如此，在官場宦海中沉浮也應如此，這大概便是曾國藩能領先於其它人的秘密之一。

3‧臨事而懼，好謀而成，足以包括古今兵書。

▋ 翻譯

面臨戰事而懼，喜歡謀劃必能成功，這些足以囊括古今兵書的精華。

▋ 點評

本句摘自曾國藩的書信〈同治二年三月初八日復李榕〉。曾國藩談到了謀略的重要性，他在信的開頭首先就提到「臨事而懼，好謀而成，足以包括古今兵書」，接著又說道：「但凡一開始參軍的人大多

不知道戒懼，我本人也只知戒懼而苦於不擅長謀劃，你能謀劃卻又不太喜歡付諸實施。行軍貴在狂飆急馳，打仗貴在勇猛，眼下能挽救湘軍的不足，應從以上兩句話來考慮⋯⋯」

曾國藩表達了對李榕的期望，希望他能多從「謀劃」、「戒懼」上多考慮，這樣才能有利於行軍打仗。曾國藩極為重視謀略，每次有所行動之前，必會反覆思慮，直到考慮周全、成熟為止。很多人認為，曾國藩是個智力超群的人，其實非也。他只是善於學習，對前人的智慧結晶多加揣摩，吸取其中精華，為自己所用。

曾國藩曾稱自己「鄙人乃訓練之才，非戰陣之才」，但他卻展現出了「戰陣之才」。他教導士兵「說法點頑石之頭，苦口滴杜鵑之血」；他依照儒家精神，勤奮練兵，終使湘軍成為一支勇猛威風的軍隊；他作〈愛民歌〉傳唱，使得湘軍聲威大震。種種事例顯證，曾國藩的謀略非同一般，即使是其擅長從前人智慧中學習，也非人人能學得如此成功。

四

多言不若守靜，
多才不若蓄德

——德行篇

處事公正，不可偏袒

1・維持是非之公，則吾輩皆有不可辭之任。

▌ 翻譯

維持是非標準的公正，我們全負有不可推卸的責任。

▌ 點評

本句摘自曾國藩的書信〈咸豐八年十一月十三日致沈葆楨〉。

沈葆楨是清代著名臣子林則徐的女婿，他生於一八二〇年，卒於一八七九年，享年五十九歲。一八六七至一八七五年，他擔任福建船政大臣，主持馬尾船政局創建、投產等，完成了第一期造船計劃。他還重視培養海防人才，設立船政學堂，為海防建設培養了不少人才。

這封信寫於一八五八年，在此之前，沈葆楨遇到了仕途上的障礙。一八五七年，沈葆楨因政績出色而被提升為廣饒九南道，負責主管廣信府的防務。那時，他多次指揮客居當地的清軍擊退一些流散的太平軍，而被朝廷加獎。但孰料，他因性情過直而惹怒了督撫大吏，不久便辭去了官職。

沈葆楨是曾國藩的得意弟子之一，曾國藩不忍人才流失，多次寫信給他，希望他能重回官場，負起為國為民的責任。曾國藩在信中寫道：「我觀察自古以來的凡天下大亂的世道，必然先改變、擾亂是非標準，之後顛倒黑白，天災人禍緊隨而來，屈原之所沉溺汨羅江而不悔的原因，就是因為把是非混淆視為最大的痛苦……以後的世道如漢代、晉代、唐代、宋代的末葉，也是由於朝廷上的是非標準先後紊亂而引發的……」。

接著，曾國藩說出了一個非常重要的觀點：「維持是非之公，則吾輩皆有不可辭之任。」不能因一些不好的事而迴避了自己的責任，做官不能光從自身去考慮，心裡需要裝著大義，才能幹出一番大事業。

一八六〇年，沈葆楨終於決定再次出仕，擔任吉贛南道一職，開始了大展身手。一八七四年，沈葆楨奉命入臺，以欽差大臣之銜辦理臺灣等處海防，以實力挫敗日本的侵略野心。此外，他還在臺灣的開發建設、整頓吏治等方面作出了貢獻，被後人稱為臺灣近代化之路的首倡者。

2・軍中不可無保舉，而保小勝、偽勝者，則大勝、真勝者必不服。

▌翻譯

軍隊之中不可沒有保薦，但若舉薦那些取得小勝、表面勝利的人，那麼那些取得大勝、真正勝利的人必然不服。

▌點評

本句摘自曾國藩的書信〈同治六年二月十八日致李鴻章〉。一八六六年，曾國藩的得意弟子李鴻章經過一番周折，終於取得了曹南之戰、白龍王廟之戰的小勝，同年四月，捻軍牛洺紅部抵達亳州，周盛波在李鴻章的派遣下率軍截軍，一舉擊退了捻軍。李鴻章以此擬折保舉。只是這場戰役不大，僅只是將捻軍擊退，未將其殲滅，李鴻章的擬折保舉引起了宿將劉銘傳的不滿。

劉銘傳乃是淮軍第一名將，戰功屬最多的，但自剿捻以來一直未得保舉，心中便有些不痛快。於是曾國藩向李鴻章寫了這封信，奉勸他在保舉下屬時不可偏私，只有處事公正，下屬才會服氣。曾國藩在信中寫道：「三月末的曹南的戰役，省三（劉銘傳）有不平的議論。四月中旬的白龍廟戰役，我經過亳州，聽到了很多人的不贊同……」由此，他提出了「軍中不可無保舉，而保小勝、偽勝者，則大勝、真勝者必不服」的觀點。

曾國藩在處事最注重公正，因他深知，一旦不公，就會致使人心失衡，而一旦人心失衡，在做事方面的效率就會下降很多。作為領導，如果有失公正，那麼只能說明其馭下之術還有待大的提升。

二

謹言慎行，得志不驕

1·概願儉於自奉，不可倚勢驕人。

▌翻譯

希望眾人都能在自己的生活上儉樸，不可依仗權勢把自己嬌慣了。

▌點評

本句摘自曾國藩的書信〈咸豐四年八月十一日夜致澄溫沅季諸弟〉。曾國藩家中兄弟姐妹眾多，小輩更是數不過來。曾家也是大戶人家出身，曾國藩又在朝中擔任要職，正因如此，他才擔心家人之中有一些借助曾家權勢名望，做一些有損曾家名譽的事情，或者養成驕奢自負的壞毛病。

因此，曾國藩在這封寫給家弟的信中，說道：「余德薄能鮮，而享天下之大名，雖有高曾祖父累世積德所致，而自問總覺不稱，故不敢稍涉驕奢。」曾國藩很有自知之明，雖然他正當春風得意之時，但他比一般人都清醒，不但要求自己不涉驕奢，也進一步要求諸弟子侄要儉於自奉，不可倚勢驕人。

曾國藩在這方面的智慧令人歎服，樹立了嚴厲的家規，讓子孫後代都能從中受益。做清官之難，難在抵禦官場潛規則，但曾國藩卻做得極好。「生日在即，萬不可宴客稱慶。此間謀送禮者，余已力辭之矣，弟在營亦宜婉辭而嚴卻之。至囑至囑。家門大盛，常存日慎一日而恐其不終之念，或可自保。否則顛躓之速，有非意計所能及者。」曾國藩不但自己不打算宴客，還叮囑弟弟不可如此做，在當時混亂不堪的官場上實屬異類。

　　曾國藩「時舉先世耕讀之訓，教誡其家」之做法，不但影響了自己的後代子孫，使之走上人生的正軌，還贏得了後世人的欽佩與崇敬。

2・凶德致敗者約有二端：曰長傲，曰多言。

▎ **翻譯**

　　因糟糕的德行而導致失敗的原因有兩點：一是長期傲慢，二是多言。

▎ **點評**

　　本句摘自曾國藩的書信〈咸豐八年三月初六日致沅弟〉。曾國藩一直教導眾位兄弟要謹言慎行，切不可因為「長傲」和「多言」招致禍端。曾國藩一直認為：「長傲、多言二弊，歷觀前世卿大夫興衰，及近日官場所以致禍福之由，未嘗不視此二者為樞機，故願與諸弟共相鑒戒。」曾國藩是一個時刻懂得自省的人，他認為自己平日裡受到

懲罰，皆是因為自己有些傲慢和不知謹言。因此，他建議弟弟不要表現出傲氣凌人的架勢，每次說話行事都應該三思而行。

二十世紀中國作家和文化先驅之一蔡元培先生曾有過這樣一件軼事：那年，一個中國名畫展在倫敦舉行，組委會派人去南京和上海監督選取博物院的名畫，蔡先生與林語堂也參加了這次活動。法國漢學家伯希和自認是中國通，在巡行觀覽時，不停地賣弄自己的學識，口若懸河，說個沒完。伯希和不斷地對蔡元培說「這張宋畫絹色不錯」，「那張徽宗鵝無疑是真品」等等，說得口沫橫飛。

林語堂一邊聽伯希和在那裡說，一邊注意觀察蔡先生的表情，客氣地回應著：「是的，是的。」過了一會兒，伯希和大概明白了什麼，也許是從蔡元培的表情和舉止上猜出自己說或許錯了什麼，便停止了滔滔不絕。在這件事裡，蔡元培清楚伯希和的某些判斷不對，卻並不明說，而是通過沉默表達了自己的想法。這便是中國人的涵養。

人的胸襟、氣度、涵養，在短暫接觸中，一覽無遺。俗語說得好：「整瓶油，搖不響，半瓶醋，響叮噹！」只有謙虛的人才能積極提出問題，主動聽取別人的意見，才能瞭解更多的自己以前不夠瞭解的東西。

著名的詩人泰戈爾的《飛鳥集》裡有這樣的話：「我們最謙卑時，才能接近偉大。」「如果你把所有的錯誤拒之門外，那麼真理也被關在門外。」只有杜絕「長傲」與「多言」，才能避免犯下「眼高於頂」的錯誤，使自己的知識、技藝以及為人處事方面的能力上到一個更高的臺階。

3・軍事有驕氣、惰氣，皆敗氣也。

▌ 翻譯

處理軍事時的驕氣、惰氣，全都是導致失敗的風氣。

▌ 點評

本句摘自曾國藩的書信〈咸豐九年十二月二十三日申刻致李榕〉。在這封信裡，曾國藩提醒李榕要做到謙虛請教。

他在信裡說提及：「朱品隆轄所部加入你統帥的『前幫』十營，希望你能謙虛恭敬自持，用虛懷若谷的態度對待別人⋯⋯處事軍事時的驕氣、惰氣，全都是導致失敗的風氣。孔子所說的遇到事情而有戒懼之心，就是杜絕驕氣的根源⋯⋯」

在古人看來，謙虛戒驕不僅是一種做人的態度，更是一種遠離禍端、明哲保身的手段。一個人只有謙虛謹慎，戒驕戒躁，才會擁有足夠的發展空間，才能夠走得長遠。否則，過於驕傲自滿，就相當於發展到了極致，不會再有更大的發展。這就好比一個容器，一旦裝滿，就無法再向其中注入東西，只有始終保持不滿的狀態，才能夠持續不斷地向裡注入

《三國演義》中，馬謖就是因為自己熟讀兵書而驕傲自滿，根本不把敵人放在眼裡，最後終被敵人擊敗，狼狽逃走，不僅丟了街亭，還因此丟了自己的性命，被諸葛亮按軍紀處斬。這正如張廷玉所說：「盛滿易為災，謙衝恆受福。」過於驕傲自滿，終會給自己帶來害處。

曾國藩清楚地明白，一旦驕傲就會過高地估計自己，極易以輕慢的態度對待別人，就會招人怨恨，即使你本身再有才幹，也難幹出一番大的成就來。

4・聲名太盛，宜常存一不自滿之心，庶幾以謹厚載福。

▌ 翻譯

聲名過於顯赫，就應常保有一顆不自滿的心，或許能憑著謹慎厚載福分。

▌ 點評

本句摘自曾國藩的書信〈咸豐十年十二月初四日復鮑超〉。曾國藩常提醒弟子們要避免驕傲，其中對鮑超的教導較多。

曾國藩以月滿盈虧等作比喻，在信裡談及為人處事：「凡做人，應像花未全開，月未圓滿的時候那樣。花盛開後就容易凋零，月滿後自然就會缺損，水盈滿了則易傾流，人自滿的話就會招來災禍。你統領軍隊的時間很久，聲名太過顯赫，應保有一顆不自滿的心才是……」

曾國藩謙和內斂，以退為進，韜晦有術，既不張揚，也不狂傲，才能在充滿了猜忌、排擠的官吏中求生存，在多重勢力的夾縫中求發展。

曾國藩曾在一封給其子紀澤的信中寫道：「家子弟，最易犯一奢

字、傲字。不必錦衣玉食而後謂之奢也，但使皮袍呢褂俯拾即是，輿馬僕從習慣為常，此即日趨於奢矣。見鄉人則嗤其樸陋，見雇工則頤指氣使，此即日習於傲矣……」

他的親戚家屬在鄉間居住，他要求：「莫作代代做官之想，須作代代做士民之想。門外掛匾不可寫『侯府』、『相府』字樣，天下多難，此等均未必可靠。」同治三年，曾國藩受封侯爵，可謂青雲直上，舉家歡樂，但他卻寫信特別告誡正在長沙考試的紀鴻：「爾在外以謙謹二字為主。世家子弟，門第過盛，萬目所屬……場前不可與州縣往來，不可送條子，進身之始，務知自重。」

正是因為曾國藩時時刻刻牢記著要低調謙卑，絕不張揚狂傲，同時教導其子女絕不可以奢傲在外，才能在風雲變幻的宦海裡求得自保，同時使得家族平安。

5・凡畏人不敢妄議論者，謹慎者也；凡好譏評人短者，驕傲者也。

▌ 翻譯

但凡因為畏懼旁人而不敢妄加議論別人的，屬于謹慎的人；但凡喜歡諷刺批評別人短處的，屬於驕傲的人。

▌ 點評

本句摘自自曾國藩的書信〈咸豐十一年二月初四日致四弟〉。曾

國潢即是曾國藩的四弟。曾國藩在信中說「余觀弟近日心中即甚驕傲」。

曾國藩在以前就寫信告誡過諸弟「戒驕字，以不輕非笑人第一義；戒惰字，以不晏起為第一義」，他提醒家中子弟要常常自省，不要太過驕傲和志得意滿，更不要「毫無畏忌，開口議人短長」。

人們常說：「富家子弟多驕，貴家子弟多傲。」塵世中總是有很多人依仗著自家的權勢富貴，不是傲氣凌人，就是得意驕傲，甚至隨意評論他人的短處和不足，這樣的人最後一定會因為「驕」與「傲」而吃大虧。

明朝開國皇帝朱元璋出身市井，當過和尚，討過飯，做了天下帝王之後，以往那些共患難的朋友自然找上門來。有一位朱元璋兒時的好友不遠萬里從老家趕到南京，費盡周折進了皇宮，見到了大明皇帝。這人還以為少年時代無話不談的玩伴，說起話來仍然毫不忌諱。他一見到朱元璋就大聲嚷嚷起來：「朱老四，你當了威風八面的皇帝，可還記得兒時的好友？當年，你做了壞事總是讓我替你挨打，可還記得有一次我們偷了別人豆子，背著大人用破瓦罐煮。結果你貪吃，沒煮熟就搶了起來，最後瓦罐摔爛了，豆子撒了，你還被豆子卡住了，最後還是我替你弄出來的。這些你可都還記得？」

一個堂堂的皇帝，竟然被人當著文武百官的面說出少年糗事，自然氣惱萬分。這位原想來謀求一官半職的皇帝老友，也因此而給自己招來了殺身之禍。

人與人之間的交往，說話行事一定要萬分謹慎，絕對不可無所顧忌地揭露對方的隱私和短處。隨便議論他人短處與是非的人，不但傷害了對方的自尊，也可能給自己埋下了禍根。曾國藩正是看清楚了非議譏笑他人帶來的惡果，所以讓家弟「常常猛省，並戒子弟也」。

6 · 吾輩心中有一分矜氣，勇夫口中便有十分囂氣。

▌ 翻譯

我們的心中有一分驕傲之氣，勇士們的口中便會出現十分囂張。

▌ 點評

本句摘自曾國藩的書信〈同治元年六月初六日復李鴻章〉。在信中，曾國藩引用了前人的言論：「……古人說，『戰勝以喪禮處之。』又說，『登科者須有一段謙光。』希望你謙心剋制地對待洋人，並囑咐全軍勇士，切記不要自誇軍力精壯，不稀罕洋人的幫助等等。我們的心中有一分驕傲，軍裡的勇士們的口中便會出現十分囂張……」

曾國藩的這封信的主旨很明確，就是勸誡李鴻章不可傲氣，凡事謹慎而行，切不可過於自誇。為保身家計，曾國藩始終抱著憂患意識在做官，因而能在功名富貴前保持一種清醒的認識。這樣一個貴而不顯，遇寵不驕，謙虛有禮的人，自然能長保榮華。

李鴻章接到曾國藩的信後，決意按照老師提點的去做。他抵達滬

後，小心謹慎，收斂鋒芒，絕不自傲，在滬蟄伏了兩年。他不急於求戰，而是讓英法聯軍先戰，消耗其力量，使淮軍在旁觀戰。李鴻章的此舉引起了上級的不滿，上面的人認為花了人力物力將軍隊接到上海，是要他們去打仗的，而非在一旁觀戰。他們的原定計劃是，淮軍得先進攻上海的太平軍大戰，之後再打到蘇州、常州等地去。

面對非議，李鴻章頂住了壓力，還對朝廷耍了反求救兵之計。他感歎自己孤立無援，想請江北的多隆阿南下來「會剿」。經過多次試探後，他發現洋人並不打算「會剿」，而是在尋找替死鬼。於是，他仍按兵不動，保存兵力，未入陷阱。

可以說，正是曾國藩的多次提點給了李鴻章啟發，使他不爭「意氣之爭」，而是經過多番思考後，做出對己方最有利的選擇。

三

心存敬恕，為他人著想

1・不可不一存恕道，設身而處也。

■ **翻譯**

為人處事，不能不存有寬恕的心思，應設身處地為他人著想。

■ **點評**

本句摘自曾國藩的書信〈咸豐五年七月二十六日復李元度〉。曾國藩曾培養過自己的「恕道」，將一項外在的美德變為自己內在的本性。他認為人的本性確是爭強好勝，在這種「爭」的心態下，往往不易寬恕體諒別人，但是只有懂得寬恕與體諒，才能使自己的人際關係順風順水。

李元度的心胸較為狹窄，曾國藩經常為他擔心，怕他脫不了身上的那股讀書人的書呆子氣，在人際交往與作戰過程中要吃虧，便經常寫信指導他。他在這封信裡指出了應注意的事宜：「足下素畏風波，須知人人皆畏風波，足下與彭山屺不過尤甚耳。不可不一存恕道，設身而處也……」

曾國藩在書信中還談過：「吾兄弟須從『恕』字痛下工夫，隨在皆投身以處地。我要步步站得穩，須知他人也要站得穩，所謂立也……今日我處順境，預想他日也有處逆境之時；今日我以盛氣凌人，預想他日人亦以盛氣凌我之身，或凌我之子孫……」。

然而，培養「恕」並非易事，為此，曾國藩曾提出過方法：「一日強恕，日日強恕；一事強恕，事事強恕。久之，則漸近自然。以之修身，則順而安；以之涉世，則諸而詳。」開始時可強迫自己做到「恕」，久而久之，「恕」便成了自己內在品性的一部分。只要肯努力，做到恕以待人，乃指日可待之事。

2‧ 至於做人之道，聖賢千言萬語，大抵不外敬恕二字。

▌翻譯

至於做人的道理，聖賢們曾說過千言萬語，大概全都不外乎敬、恕二字。

▌點評

本句摘自曾國藩的書信〈咸豐八年七月二十一日諭紀澤〉。曾國藩在信裡告誡了愛子紀澤做人的道理不外乎就是敬、恕二字。

孔子曾說過：「君子不論人多人少，無論勢力強大弱小，都不敢輕慢，這就是安泰矜持而不驕傲；君子衣冠端整，恭謹莊重，別人見了，自然產生敬畏之心，這就是威嚴而不兇暴。」孔子之語，生動地

闡釋了「敬」字。所謂恕，指的是懂得寬恕，能為別人著想，如果能把仁道、寬恕全放於心中，就不會擔心從天突降的禍患。

敬、恕，是做人的根本，也是為人處事的必修之道。孔子曾向弟子仲弓說過心存敬恕的道理，無論做何事，都應慎重，懂得「己所不欲，勿施於人」，這樣才不會遭人怨恨。自己正直，別人就會生出敬畏之心；如能做到恕，就能看淡目前遭受的不平與漠視，超越自身，用更長遠的目光看問題。

春秋時期的楚莊王在平定叛亂宴請群臣時，一個官員趁蠟燭熄滅時握住了他的寵妃許姬的手，拉扯中，許姬扯下了那人帽子上的纓帶。但楚莊王知道後，並沒有把那位官員問罪，而是令所有人都去掉帽纓，變相地寬赦了他。幾年後，那個官員為報楚莊王寬赦之恩，在戰場上拼死殺敵，大敗敵軍。

古人常說：「人非聖賢，孰能無過。」可見，「敬」是對自己的一種要求，「恕」則是對別人的態度。特別是在爾虞我詐、你死我活的官場、商場中，學會謹慎自持、寬恕他人，是件非常困難的事情，卻也是能幫你贏得他人尊敬的事情。

曾國藩在教育子孫時，也曾反覆提到「敬」和「恕」，反覆告誡兒孫只有先學會這兩點，才能立身做事。這對於我們現代人而言，也是同樣適用的。

另外，還需一提的是，敬、恕二字，並非是一種明哲保身的，逃避問題的捷徑，而是積極地修正自己，改善自己，改善境遇的一種處世方略，能讓自己能更完善地發展，更好地提高。

3・敬則小心翼翼，事無鉅細皆不敢忽；恕則凡事留餘地以處人，功不獨居，過不推倭。

▊ 翻譯

「敬」則指要小心翼翼，事無鉅細全都不能忽視；「恕」則指與人相處時，凡事都要給人留有餘地，不獨攬功勞，也不推倭過失。

▊ 點評

本句摘自曾國藩的書信〈咸豐八年九月二十日加鮑超片〉。曾國藩深受儒家文化薰陶，一生都在推崇儒學之道。《論語》有云：「己欲立而立人，己欲達而達人。」曾國藩深以為然，將以敬、恕待人作為自己的處事方略。曾國藩認為，如果希望別人對自己有敬、恕之心，那麼自己就必須先具備敬、恕之品德。

曾國藩曾對弟弟曾國荃等人談道：「人孰不欲己立己達？若能推以立人達人，則與物同春矣！」所謂推己及人，才能取得別人的讚賞與信任。敬、恕是曾國藩一生處世哲學的精髓之一，他說：「聖門好言仁，仁即恕也。曰貧、曰賤、曰成、曰榮、曰譽、曰敗、曰逆，此數者，我之所惡，人亦惡之。」他還在給弟弟的信中叮囑：「子姪輩須以敬恕二字常常教之。敬則無驕氣，無怠惰之氣，恕則不肯損人利己，存心漸趨於厚。」

武則天統治時期，狄仁傑擔任掌管刑法的大理丞時，用一年的時間就判決了大量的積壓案件，且之後無一人再上訴申冤，名震一時。

他那時屢破要案，屢建奇功，得到了武則天的賞識，但卻並未因此自視甚高，飛揚跋扈，相反，他低調謹慎，對聲名懷有「敬畏」之心，從嚴律己。

他每次立功後，從不獨攬功勞，還把功記在他人頭上，並舉薦了桓彥範、敬暉等數十位精明能幹的官員，這些人後來都成為了唐代中興名臣。狄仁傑雖聲名顯赫，名震一時，但其謹小慎微，為人低調，最後在晚年時能得以全身而退。

4 • 爾在省以「謙敬」二字為主，事事請問意臣、芝生兩姻叔，斷不可送條子，致騰物議。

▌ 翻譯

你在省裡要以「謙」、「敬」二字為主，每一件事都要向意臣、芝生兩位姻叔請教，一定不可遞送條子，以致引起眾人的議論。

▌ 點評

本句摘自〈同治三年七月二十四日諭紀鴻〉。曾國藩所生活的時代，是一個社會矛盾錯綜複雜的年代，對人情世故通曉的曾國藩為自家越為顯赫的門第深感憂慮，他明白一個不小心，就可能被政敵拿住把柄，借機宣揚一番。因此，他給在省城參加科考的紀鴻的信中諄諄叮囑「爾在省以『謙敬』二字為主，事事請問意臣、芝生兩姻叔，斷不可送條子，致騰物議」。

關於「謙」字，他曾有云：「天地間惟謙謹是載福之道。日中則昃，月盈則虧。鬥滿則人概之，人滿則天概之。驕則滿，滿則傾矣。凡動口動筆，厭人之俗，嫌人之鄙，議人之短，發人之覆，皆驕也。」

關於「敬」字，他認為：「外而整齊嚴肅，內而專靜純一，敬之工夫也：出門如見大賓，使民如承大祭，敬之氣象也；修己以安百姓，篤恭而天下平，敬之效驗也。聰明睿智，皆由此出。莊敬日強，安肆日偷。若人無眾寡，事無大小，不敢怠慢，則身體之強健，又何疑乎？」

「敬」字與「謙」字在為人處事似乎有共同之處。曾國藩強調對朋友要保持恭敬的態度，不可因交情漸深而懈怠。晚年的曾國藩在「謙」、「敬」二字上下足了功夫，他不但對同僚下屬相當謙讓、尊敬，對自己手中的大權也常常辭讓。他曾多次上疏奏請減少自己的職權，並請求朝廷派官員來協助他。他對人說，隨著年歲漸大，身體健康每況愈下，所謂居官不能視事，實在有玷此官，因此懇請朝廷削減他的實權、官職等，求得晚節得保。

「謙」、「敬」不但是美德，還是一種生存哲學，而曾家子孫在吸取了前輩們的精華思想後，更跳出了「富不過三代」的歷史周期率。

四

無視小利，不誤大局

1・無欲速，無見小利。

▌翻譯

不要追求速度，不要被小利所蒙蔽。

▌點評

本句摘自曾國藩的書信〈咸豐九年四月十六日復彭玉麟〉。彭玉麟，字雪琴，號退省庵主人。他是清朝著名的政治家與軍事家，清末水師統帥，湘軍首領，人稱雪帥。他以「不要官、不要錢、不要命」的「三不要」美名而稱於世。當年，他以書生身份投身湘軍，在攻打田家鎮、湖口等戰役中屢建戰功，升為水師統領，成為湘軍水師統帥。之後，他多次陞遷，官至兩江總督兼南洋通商大臣、兵部尚書等。

在這封不長的信裡，曾國藩的話語蘊含了深刻的辦事道理。他在信中提及：「……有關在湖口修城池一事，你（彭玉麟）和見田全力承擔，我感到很欣慰。我有兩句話送給你，就是『不要追求速度，不要被小利所蒙蔽』……」。

曾國深知不能急功近利的道理，因此對那種只顧蠅頭小利的人深感不滿。他經常告誡自己的弟子與弟弟們，凡事慢一點不要緊，關鍵是要紮實、穩定，這樣才能長久。說通俗一點便是，人生不是看誰能先成功，而是看誰能笑到最後。一個被眼前小利所惑的人，難睹天外之天，這樣的人往往在自我陶醉、自我滿足中讓自己的前途充滿危機。

孔子說：「見小利，則大事不成。」，《史記》中也提到：「夫貪小利以自快，棄信於諸侯，失天下之援，不如與之。」可見，貪求小利的人永遠都無法成就大事。

事實也的確如此。楚漢之爭時，劉邦攻下都城、攻佔土地以後，並不盡數攬到自己懷裡，而是大方地分給手下的將領，最終成就了漢家天下。而項羽，過於貪求小利，一點小利也要斤斤計較，最終兵敗垓下，與帝王之位失之交臂。可見，追逐小利會讓一個人名譽掃地，失去眾人的信任，自然也就失去了成功的機會。

2・今日說定之話，明日勿因小利害而變。

▌翻譯

今天說定的話，不可因為明天小的利害而改變。

▌點評

本句摘自曾國藩的書信〈同治元年三月三十日復李鴻章〉。曾國

藩的這封信寫得很長，其中談道：「……洋務之事是很難辦理的，但其根本仍是孔子說的『忠』、『信』、『篤』、『敬』四個字。『篤』的意思是淳厚；『敬』的意思是謹慎；『信』的意思是不說假話，要做到卻極難，我們應當從這個字下手……」寫到這裡，曾國藩便提出了「今日說定之話，明日勿因小利害而變」的觀點，這個觀點有著非常深刻的意義。

在曾國藩看來，唯有「信」，才能使別人對自己信任，才能有利於人際關係，如果因明日的小利而輕易改變，那麼這個人也就不足為他人所重視，自然也就沒有什麼前程。

天津教案後，李鴻章接替曾國藩任直隸總督，向其請教如何處理外交時，曾國藩只是給了一個「誠字錦囊」。後來，李鴻章發現，這個錦囊確實有用。他對曾國藩的孫女婿吳永說：「辦理交涉不論英俄德法，我只捧著這個錦囊，用一個誠字，同他相對，果然沒有差錯，且有很大收效的時候。古人謂一言可以終身行，真有此理。」如果沒有信守說定的話，目光短淺，因小的利害關係而改變的話，那麼，處理外交大事時就一定會阻礙重重了。

曾國藩曾說過這樣一句話：「顯違條約，輕棄諾言，而後為失信也。即纖悉之事，嚬笑之間，亦須有真意。」只有堅持「今日說定之話」，才能不誤大局，收穫明日之事業成果。

3・宜切戒我軍弁勇謙卑遜順，匪驕匪傲，語言之間莫含譏諷，銀錢之際莫佔便宜。

▍翻譯

應嚴厲地告誡我軍士兵們要謙虛恭順，不驕不傲，說話不要含譏諷，在銀錢方面不要佔便宜。

▍點評

本句摘自曾國藩的書信〈同治元年六月二十六日復李鴻章〉。曾國藩認為對軍隊來說，需要「整齊嚴肅，百度修明，渠亦自不至無端欺凌」。同時在信裡還談到了不要在小利小惠上多佔便宜。

曾國藩對佔便宜一事上有獨到的理解。他認為那些施恩於自己的人多少都是另有所圖，所謂的恩惠極可能是釣魚餌。將來待他升職做總督或高一點的職位，不理他們所求的話，就會顯得有些刻薄，理會他們的所求，就算施以高回報，也難滿足那填不滿的欲望。

在這封信裡，曾國藩特意談到了「銀錢之際莫佔便宜」，或許便是明白了便宜決非那麼好占的，真的佔了，將來必要翻倍償還。

據說，曾國藩在京城裡做了八年官，從來不輕易接受任何的恩惠，也不肯被人占半分便宜。從他留傳下來的書信裡，可得知他在北京做官時將月俸的一部分用於接濟家庭，有時，因經濟緊張，他欠過千兩銀子的債，也沒有錢作回家路費，但就在這種經濟困難的情況下，他也沒想過要占誰的便宜。

明代楊繼盛曾說過：「寧讓人，勿使人讓；吾寧容人，勿使人容；吾寧吃人虧，勿使人吃吾之虧；寧受人氣，勿使人受吾之氣。人有恩於吾，則終身不忘；人有仇於吾，則即時丟過。」曾國藩顯然也是極贊同這種說法的，寧願吃虧，也決不占別人便宜。

勿占人便宜，更不因小利而誤大局，蘊藏著對人性的深刻領悟，同時蘊藉著豐富的人生奧義。

4 · 布小惠而誤大局，鄙人亦斷不肯為。

▌ 翻譯

布施小恩惠卻誤了大局，也是我絕不會做的。

▌ 點評

本句摘自曾國藩的書信〈同治七年六月初九日復李瀚章〉。

曾國藩在這封信裡說道：「以前到江蘇、上海，各行各業的商人們都在請求減少釐金，非常慘痛，實在不忍視而不見。因而打算今年陸續裁撤三十多個營，秋天再裁撤幾個營，這樣一來，每個月大約可減少十一萬兩左右……我打算將上海、江蘇、金陵、安徽四個釐金局減收五萬多兩……在金陵和安徽，打算裁撤太多的部分，實在是因為看到這裡民生凋敝，不得不稍微寬鬆一些……但是因為減少後方的釐捐，而使前方戰士缺餉，這種施小惠卻誤大局的事，我是絕對不做的。」

曾國藩的糧餉一直向李鴻章的兄長李瀚章主持，湘軍的大小財務事宜都由其打理。經過多年戰爭，百姓不堪重負，生活潦倒，朝廷提出裁撤征東局，減徵釐金的建議。曾國藩雖作出了讓步，但他仍認為，由於北方的捻軍、回民軍仍待鎮壓，軍隊仍需財力支撐，萬一糧餉的供應沒能接上，就會使戰鬥出現麻煩。

曾國藩看事情通常著眼於大局，認為如果因小恩惠而貽誤了整個大局，沒能獲取效益最大化的話，那實在是得不償失。

五

堅持操守，愛惜名聲

1・ 名者，造物所珍重愛惜，不輕以予人者。

▌ 翻譯

名聲，是被上天所珍重愛惜，不輕易給予人的。

▌ 點評

本句摘自曾國藩的書信〈咸豐四年十一月二十三日致諸弟〉。

凡是功成名就之人，名望越高，就越發看重自己的這份榮譽。曾國藩是看重自己的名望的，但卻一直對自己的名望抱有懷疑態度。懷著這種憂心與懼怕，他不時地提點自己的兄弟，鼓勵、勸勉他們為百姓做實事，他認為「那才是我曾家門戶的光榮，阿兄的幸運」。

曾國藩在未真正飛黃騰達之前，是靠什麼來提高自己的聲望的呢？他主要是靠詩文來提高知名度。曾國藩經過勤學苦練，寫出了一手好文章，後來還創建了湘鄉文派。曾國藩後來升職做侍郎，寫了不少反映社情民意的奏章，與當時許多報喜不報憂的奏摺有很大的不同。他甚至還批評剛登基沒多久的咸豐皇帝，指出了他身上的一些毛

病。這些奏摺的抄本後來流入民間，廣為流傳，為曾國藩建立了不小的聲望。

曾國藩之所以對自己的名聲感到憂慮，是因為過於愛惜的緣故。他曾多次叮囑自己的弟弟們，讓他們代為教導、監督、提點家中的其它成員，要求他們要生活節儉，不可仗勢欺人，更不可對人表現出倨傲無禮的態度，因為這些都會對日後的生活埋下隱患。

一個如此愛惜聲名的人，將名聲視為造物主所珍重愛惜的珍貴之物的人，才能最終取得了輝煌的事業成就。

2 · 凡好名當好有實之名，無實則被人譏議，求榮反辱。

▋ 翻譯

凡是好的名聲，應有真正好的行為，沒有真材實料則會被人譏諷議論，原來想求得榮譽，反而卻受到了侮辱。

▋ 點評

本句摘自曾國藩的書信〈咸豐十一年四月初八日致沅弟〉。曾國藩在寫給沅弟的這封信裡提到了另一個弟弟曾國華。

曾國華，乃曾國藩的二弟，清太學生。一九四六年，〈湘鄉大界曾氏五修族譜〉有記載：「清道光二年壬午五月二十六日子時生，咸豐八年戊午十月初十日戌時在安徽三河鎮陣亡。」據相關考證，曾國華自從於道光二十六年鄉試落第後，「從此英氣銷磨，功課荒毀，常做出許多荒唐之事」。

曾國華曾在咸豐六年立過功。當時，太平天國西征軍在江西連破八府五十餘州縣，曾國藩坐困南昌。曾國華立即向武昌湖北巡撫胡林翼求援，胡林翼當即將五千兵交予曾國華。隨後，從未有過帶兵經驗的曾國華一連將數縣攻克下來，為解困南昌起到了不小的作用。但是，僅隔兩年，曾國華就死於了「三河之役」，「部卒六千餘人幾乎全軍覆沒，李續賓及曾國華皆死於亂軍中」。曾國藩聞知後，悲痛不已，減食數日。

　　咸豐十一年，曾國荃率軍攻克安慶，原本可受到朝廷的獎賞，但他希望將自己應得的獎賞，呈請皇帝改授予自己親族的尊長。他想請朝廷為曾國華建一個祠堂。曾國藩得知後，在信裡表示了不贊同的態度。曾國華當時在安徽的三河鎮被太平軍打得全軍覆沒，他因而認為其不具備令人欽佩、崇仰的條件，他在信裡寫道：「凡好名當好有實之名，無實則被人譏議，求榮反辱。」

　　《荀子》裡有這樣一句話：「先義而後利者榮，先利而後義者辱；榮者常通，辱者常窮；通者常制人，窮者常制於人；是榮辱之大分也。」可以看出，將道義等放在利益之前的人，常能富貴、顯赫，而重視利益卻不顧道義的人，往往會受到羞辱。曾國藩正是為了避免「求榮反辱」，便立刻否定了國荃的想法。

3・以保護其令名為第一義，銀錢等事不掣肘次之，保獎功名又次之。

翻譯

把保護他們的名聲作為第一位，銀錢等事不被牽製作為第二位，保舉獎勵功名則作為第三位。

點評

本句摘自曾國藩的書信〈同治五年五月二十七日致李鴻章〉。曾國藩在練軍方面一直很嚴格，因此對那些帶兵將領們的提點一直未停過。他認為保全部下的美名，應是放在第一位的事情，要讓他們遵紀守法，不因貪圖蠅頭小利而讓名聲受損。

他在信裡說：「……你如果同諸將領通信的話，須將『愛民則造福，擾民則造孽』的道理告誡部下。我對於各位統兵將領，把保護他們的名聲作為第一位，銀錢等事不被牽製作為第二位，保舉獎勵功名則作為第三位……唯恐說得太多了讓聽的人感到厭煩，但又唯恐說少了讓他們容易忘記……不只對目前行軍有益，就算將來撤銷遣返淮軍鄉勇時，也有益於你的鄉里。」

前面曾提到過，曾國藩是信奉儒家的。儒家雖告誡人們別去計較功利，其實是為了更大的功利。曾國藩堅持操守，愛惜名聲，將銀錢、保舉獎勵都放在次要位置，從某些最根本的問題上下功夫。

《淮南子・道應訓》裡有這樣一個故事。公儀休很愛吃魚，可當

宰相時卻拒絕了別人送來的魚。他是這樣對人說的：「如果我接受了你的魚，就可能蒙受受賄之名，被罷免了宰相之後位後，想再吃魚也吃不起了。我不接愛你的魚的話，就能接著當宰相，靠自己的薪俸，還能經常吃到魚。」公儀休不接受別人的魚，不願為了一時的貪欲而丟了更大的利，被稱之為「廉吏久則富」的理論。儒家的所謂反功利，實際上便是公儀休為保名聲不受魚的長久功利論。

　　曾國藩顯然深諳這種理論，他對統兵將領們提出要求，要求他們將好的名聲放在第一位，也是希望將來能因絕佳的聲譽使軍隊以及他們自身獲益。

六

意志堅定，受人尊敬

1 · 凡治軍辦事，須忍苦耐煩，有堅定之力。

▌ 翻譯

無論是治軍還是做其它事，必須能吃苦耐勞，有堅定的意志力。

▌ 點評

本句摘自曾國藩的書信〈咸豐九年八月二十五日復何應祺、劉連捷〉。

曾國藩的人生目標為「內聖外王」，「聖」指的是誠信、自律、儉、勤等，「外」指的是有志向高遠、意志堅定和有極強忍耐力等。曾國藩曾有云：「不為聖賢，便為禽獸；不問收穫，只問耕耘。」人如果沒有磨礪和提升自己，就會讓欲望像滾雪球一樣變大，從而使自己的意志力變得軟弱。

曾國藩看重意志力，認為「古來大有為之人，每於艱險之時，堅韌撐得住，可做出非常事業」。一個人若缺乏意志力，將一無所成。

曾國藩曾依靠自己意志力戒掉了煙癮。曾國藩每日處於忙碌中，

經常出現精神不濟的情況。他通過觀察與研究，發現「說話太多，吃煙太多，故致困乏」。自此，他決定開始戒煙。剛開始戒煙時，他感到十分難受，在日記中曾寫道：「宜守規敬事，乃閒談荒功，不溺情於弈。歸後數時，不一振刷，讀書悠忽，自棄至矣。乃以初戒吃煙，如失乳彷徨，存一番自恕底意思。此一恕，天下無可為之事矣。急宜猛省。」他將戒煙比作「失乳彷徨」，可見戒掉過程之艱難，但他仍然堅持下去，並通過與朋友聊天、下棋等活動來分散自己的注意力。

任何成功都並非偶然，只有通過長期的鍥而不捨與一絲不苟的努力才能得來，曾國藩不斷磨練自己的意志，用積極的思想去面對與解決問題，終成為了「晚清第一人」。

2・精細耐勞，苦心經營，天下有何不可辦之事。

▍ 翻譯

精心細緻又能吃苦耐勞，苦心經營，天下還有什麼是不能辦成的事。

▍ 點評

本句摘自曾國藩的書信〈咸豐十一年九月初五日復李鴻章〉。曾國藩在這封信裡先是為胡林翼的過世感到哀痛，為他哀悼歎息，接下來又提到了馮焌光，「馮竹漁精細耐勞，如此苦心經營，天下有何不可辦之事！敝處未復竹漁書。昨致筱泉信，託其照料，凡竹漁有求，一力護持之……」其中，馮竹漁便是馮焌光。

馮焌光，廣東南海人，從曾國藩軍。他擔任過海防同知，署理江南機器製造局局務，任江南製造局總辦，擔任過上海道臺官職等。一八七五年二月，馮焌光開設洋務總局，一八七六年創設求志書院，並用道庫銀創辦《新報》。一八七七年，他告假出塞伊犁，負父靈柩東歸；一八七八年春抵上海，溘然離世。

　　在這封信裡，曾國藩高度讚揚了馮焌光的堅定意志，認為他辦事既細緻，又能吃苦，且還能苦心經營，這樣的人去做事還有什麼是不能辦成的呢？

　　從古至今，那些能成就一番事業的人無不是靠堅定的意志與鍥而不捨的吃苦精神才抵達了勝利的彼岸。曾國藩初入官場時，並未像後來那樣風光。他當初僅是一個儒生，接到了任務後，便率兵去打仗。起初打的全都是敗仗，慘不忍睹，挫敗連連，他甚至為此自殺過。

　　咸豐四年，曾國藩的軍隊與太平軍在靖港鎮展開戰爭。曾國藩率領的湘軍一時不慎，中了太平軍的埋伏，致使大敗而歸。曾國藩為了免於敗後受辱，竟跳江自殺，幸而被人救起，後退到了白沙。

　　調整好情緒後，曾國藩重新招兵買馬，造般配械，發起了第二次進攻。原以為志在必得，但沒想到被石達開困在鄱陽湖，之後，石達開還採用火攻的方式，將湘軍的一百多條戰船燒得精光。曾國藩又一次跳水求死，但自殺未果，後逃到南昌。這次慘敗，被他自己稱為平生四大慚之一。

　　一次次的慘敗使曾國藩最初無法接受，感到羞憤和自責，可調整

過來後，仍決定繼續努力，直至成功為止。他的這種堅忍不拔，不允許自己放棄，並有著從頭再來勇氣的人，幸運之神終究會眷顧他。

3 · 棘手之際，從「耐煩」二字痛下功夫。

▌翻譯

遇到棘手的事情，要從「耐煩」兩個字上下功夫。就是指遇到棘手事情時，要不怕事情繁瑣，有耐性。

▌點評

本句摘自曾國藩的書信〈同治六年五月二十八日致李鴻章〉。當時李鴻章負責鎮壓捻軍，成效並不很好，導致捻軍流竄到運河以東的地區。曾國藩猜想御史會彈劾丁日昌和李鴻章，便在信中勸勉李鴻章要忍辱負重，慢慢籌畫。

俗話說：「心急吃不了熱豆腐。」本句與曾國藩的這一思想不謀而合，都是在告訴我們，一定要有耐性。生活在這個紛繁複雜的世界上，每個人都會遇到一些困難和挫折，飽嘗酸、甜、苦、辣的味道。遭遇不如意的境況時，人們應怎樣面對——是耐下性子，忍辱負重，還是怨天尤人，急躁不安？

鄭板橋說：「千磨萬擊還堅勁，任爾東西南北風。」毫無疑問，我們應該選擇耐下性子，忍辱負重的態度。因為怨天尤人、急躁不安非但不會幫我們走出眼前的困境，可能還會讓事情越變越糟糕。

孟子曾說：「故天將降大任於是人也，必先苦其心志，勞其筋骨，餓其體膚，空乏其身，行拂亂其所為，所以動心忍性，曾益其所不能。」周文王被囚禁，因為有耐性，所以寫出了《周易》；孔子一生窮困潦倒，因為有耐性，所以寫出了《春秋》；屈原被流放，因為有耐性，所以寫出了《離騷》……無數事實證明，在遭遇不幸時，只有肯在「耐煩」二字上下功夫，便能有所成就。

由此看來，曾國藩這一思想，既是一種良好的人生態度，更是一種臥薪嚐膽的成功法門。

4 • 凡事患在不為，不患不能。

▌翻譯
所有的事情都害怕不去做，而不是擔心能不能做成。

▌點評
本句摘自曾國藩的書信〈同治十年八月初五日復吳大廷〉。當時吳大廷負責操練海軍，由於當時中國剛剛開始訓練海軍，吳大廷根本沒有模式可以參照，曾國藩便寫了這封信來鼓勵他，並告訴他，要專心細緻地考慮到各個方面，只要敢做，並做到專心和精深，就一定能夠做好。

曾國藩在信中這樣寫道：「閣下殫精竭慮，身任其勞……各船演習諸技漸臻純熟，凡事患在不為，不患不能。西洋技藝所以絕古今

者，由其每治一事，處心積慮，不臻絕詣不止，心愈用則愈靈，技愈推則愈巧。」

世上的事許多看起來很難，但是一旦真的做起來，會發現雖然困難，但仍有成功的希望。對於有堅定意志的人來說，只要有希望，就能付出努力。在大致相同的情況或條件下，意志力的作用往往決定結局的成敗。堅強的意志有利於將自己的實力發揮得淋漓盡致。

梁啟超曾說過，如果曾國藩的意志與忍耐力稍有不足，則其一生為失敗之人，無疑也。堅持得久一點，勝利就會近一點。

曾國藩在江西帶兵的時候，雖然職位是督師，但實際上是處於客居的地位。那時，他一無實權，二無實力，州縣官都不聽他的話，各省督撫也常常為難他。在這種情況下，曾國藩要靠什麼才能在暗流洶湧的官場上存活下來呢？靠的就是堅韌。他在父親病逝，棄軍回籍奔喪，靜待在家時，耐心地聽了朋友的勸告，並多讀書，且做自我反省，慢慢地，終於悟出了一番道理。重返官場之後，他終於慢慢地立穩了腳跟，且做出了不少讓人刮目相看的政績。

所謂「有志者，事竟成」，只要有志氣，有信心，並全力以赴，專心致志，就一定能夠取得成功。只要盡了最大的努力，就算做不好也是值得驕傲的，但如果因為害怕做不好或者不能取得成功而不去做，那就永遠沒有成功的機會。

曾國藩對堅韌的理解是，君子需穩重而有威嚴，有堅強忍耐的性情，在災難面前毫不畏懼。只要擁有堅強的意志，便決不會懼怕眼前的失敗。

五

出死入生寧不易，
各宜努力去修身

——修身篇

修身養性，莫難於養心

1·聖賢教人修身，千言萬語，而要以不忮不求為重。

▌翻譯

聖賢教人修身的理論，千言萬語，總結起來，就是以不嫉恨、不貪求為重點。

▌點評

本句摘自曾國藩的書信〈同治九年六月初四日諭紀澤、紀鴻〉。他在信中教育兒子要不嫉恨、不貪求。簡單點來說，就是不要妒賢害能，不貪求功利。他告訴兒子們，善嫉恨的人往往自己不肯修德進業，卻又害怕別人修德進業；而貪圖名利的人，則會想法設法得到自己沒有的東西，一旦得到又整天患得患失，害怕失去，這兩類人活得都很累。一個人只有做到不嫉恨、不貪求，心靈才會純潔，品德才會高尚，生活也會相對輕鬆。

孔子曾說：「士志於道，而恥惡衣惡食者，未足與議也。」這句話告訴我們，一個人的恥辱，在於無法做到意志堅韌，以及過於追求物質欲望。所謂「知足常樂」，一個人只有滿足於已經擁有的事物，

特別是物質，才會感到心安。如果欲望過多，而自己又沒有能力達到所想的水準，那就注定只能給自己戴上一副精神枷鎖。

《詩經》中說：「不忮不求，何用不臧？」意思是說，只要不嫉恨，不貪求的話，幹什麼都能幹好。一個人只有消除嫉恨、貪求之心，心中沒有了荊棘，心靈日漸純潔，品德才會更加高尚，仁義、道義也自然會越來越多。這樣的人，才能獲得真正的幸福。

曾國藩這番話不管是用在修身養性，還是放在事業發展、與人往來上，都有很好的借鑒之意。

2・慎獨則心安。自修之道，莫難於養心。

▋ 翻譯

在一個人獨處的時候，也能夠謹慎不苟，心裡就會非常踏實。自我修養，沒有比養心更難的。

▋ 點評

本句摘自曾國藩的書信〈同治十年十一月諭紀澤、紀鴻〉。他在信中教育兒子紀澤、紀鴻要「慎獨、主敬、求仁、習勞」，並告訴兒子們「慎獨」，即養心，是修身養性中最難的一點，也是最重要的一點，只有做到了「慎獨」，才能在自省之時沒有愧疚，上對得起天地神靈，下對得起自己，內心才能夠淡定平和。

古人非常看重修身養性。《禮記‧大學》中說：「心正而後身

修，身修而後家齊，家齊而後國治，國治而後天下平。」也就是說，把「心」養好了，才能夠修身，然後才能夠齊家、治國、平天下，可見養心之重要。

「慎獨」，作為養心的一種流行方法，備受古人的推崇。《禮記·中庸》中說：「道也者，不可須臾離也，可離非道也。是故君子戒慎乎其所不睹，恐懼乎其所不聞。莫見乎隱，莫顯乎微，故君子慎其獨也。」意思是說，一個人只有時時刻刻都注意自己的內在修養，時刻檢點自己的行為，注意自己哪裡沒有做好，特別是在沒有人監督的時候，也能夠小心謹慎，不做任何違背道德的事情，那麼他才能夠真正做到修身養性，成為真正的君子。

曾國藩以此訓導兒子，讓他們引以為戒。曾國藩此舉不僅是訓導兒子，更是給世人上了一堂修身養性的「基礎課」。

二

崇仰平和，減少忿欲

1 • 時時以「平和」二字相勖。

▌ 翻譯

每時每刻都用「平和」兩個字來相互勉勵。

▌ 點評

本句摘自曾國藩的書信〈咸豐八年三月三十日致沅弟〉。他在信中寫道，弟弟和自己都容易內心抑鬱，怨天尤人，這不僅難以立足於世，也不利於品行的修養。同時，他還告訴弟弟，自己就是因為內心抑鬱、心火過盛，進入中年以後才出現了一些病狀。所以，就算是從身體健康方面的因素考慮，也要時刻保持內心的平和。他提醒弟弟要與自己時刻以「平和」二字來相互勉勵。

《菜根譚》中說：「疾風怒雨，禽鳥戚戚；霽日光風，草木欣欣。可見天地不可一日無和氣，人心不可一日無喜神。」意思是說，如果狂風暴雨，動物就會感到恐懼和憂慮；如果天朗氣清，草木就會欣欣向榮，天地之間一天也不能缺少和氣，對人而言也是同樣的道理，人的心情也應該時刻保持心平氣和。

一個人在經歷了世間萬物的變化，體驗到無數人生經驗以後，心態也會隨之變化。但一個人的心態往往關係著他一生的發展，如果過於變幻無常，容易因物喜、因物悲，心浮氣躁，怨天尤人，就無法理智地思考該如何應對所面對的環境和問題，甚至會由此導致惡性循環，給自己帶來無法挽回的後果。

古人推崇「不以物喜，不以己悲」，認為應該「寵辱不驚，閒看庭前花開花落；去留無意，漫隨天邊雲卷雲舒」。曾國藩就是充分領會了古人的思想，才希望弟弟記住「平和」二。

2・存其倔強，而去其忿激。

▌ 翻譯
保存直傲不屈於人的一面，消除憤怒、激動的一面。

▌ 點評
本句摘自曾國藩的書信〈同治三年六月十一日致沅弟〉。他在信中對弟弟能夠在他忿激之時好言相勸，在自己忿激之時也能收發自如，表示欣慰。同時，他也勉勵兄弟們，在有人發脾氣時，要相互勉勵，「存其倔強，去其忿激」。

一個人如果不能保持頭腦冷靜，容易受情緒控制，動不動就激動，很難成就大事。但在現實生活中，很多人容易因為芝麻大小的事情而大發雷霆，或者因為一兩句話不對自己胃口就怒髮衝冠，這些行

為不僅不利於自我修養，還會損害人際關係。

如果能夠保存內心的直傲不屈，消除憤怒和激動，一個人的道德就會不可限量，所得到的幸福就會無窮無盡。

曾國藩恰恰看透了這一點，所以極力勸勉兄弟們要保存直傲不屈的一面，消除忿激的一面，這樣才能做出一番大事業。

三

堅守原則，立身之本

1 · 宜仍守吾拙，不妄悅人。

▌翻譯

應該仍然堅守自己的本分，不取媚於人。

▌點評

本句摘自曾國藩的書信〈咸豐九年九月十一日致許振褘〉。許振褘的來信中，提到取媚於人的人，雖然會得到沒有見識的人的喜歡，但卻會損害道義和原則。曾國藩對此予以肯定，並用詼諧的口吻教導許振褘要守本分，不要被別人的評論左右，要把精力放在提高自身修養上來。

取媚於人，也就是「諂媚」。在《現代漢語詞典》中，「諂媚」的意思是：「為了討好，卑賤地奉承人，無恥地巴結人。」這是一種醜態百出的阿諛奉承和拍須溜馬的伎倆。不管是為了功名利祿，還是弄權爭寵，凡是昧著良心，不講道德地取悅諂媚，都是自甘墮落。

古人認為：「見富貴而生諂容者，最可恥。」他們認為，見到富

貴的人，就想方設法取悅他們以博取好感的人，是最可恥的。荀子曾怒斥這種現象：「諂媚我者，吾賊也。」唐代詩人李白也曾高呼：「安能摧眉折腰事權貴，使我不得開心顏！」

取媚於人不像修德進業換來的美譽，一旦所依附的大樹倒了，靠取媚於人換來的功名利祿也就煙消雲散，不復存在。取媚於人，不是長久之計，更不是仁義道德之事。

曾國藩的這番教導，可說是道出了做人最基本的準則。

2．無使吾心之賊，破吾心之牆子。

▌ 翻譯

不要讓我們內心的惡念，攻破我們內心的原則。

▌ 點評

本句摘自曾國藩的書信〈咸豐十年八月初六日復李續宜〉。他在信中向李續宜闡述了自己對於自立自律的認識。當時他剛剛擔當大任，恰逢寧國求援，浙江形勢危急，但他沒有依仗權勢冒昧上奏，而是從大局考慮，部署軍隊。他認為每個人都應該給自己立下準繩，不但自己要遵守，還要約集志同道合的人一起遵守，這樣才能修德進業，有所作為。

不止在亂世中，任何時候，人們都懷有苟且偷生的想法，只要是超出自己的勢力範圍，就不會再過問，所謂「事不關己，高高掛

起」，說的就是這種情況。當然，並不是所有人都會這樣想，大多數人只是習慣於隨波逐流，因循苟且，這些人往往都沒有什麼成就。只有那些胸懷大志，堅持自己的原則的人，才能有所建樹。

特別是在曾國藩所處的亂世之中，正是豪傑奮起的最佳時機，如果能夠給自己立下原則並堅持下去，就能在時代的潮流中把握好方向，取得驕人成績。

雖然現在人們身處太平盛世，但曾國藩本句仍有一定的現實意義。現代社會物欲橫流，各種誘惑層出不窮，一個人如果能夠堅守原則，不被內心的惡念攻破心牆，必然能夠幹出一番事業。

3・辦事不執己見，亦不輕循人言。

▌翻譯

做事情的時候，不固執己見，也不輕易屈從別人的意見。

▌點評

本句摘自曾國藩的書信〈同治四年十二月初二日復丁日昌〉。丁日昌考慮問題過於精明深刻，雖然常有獨到之處，但由於考慮得太深刻，常常易鑽牛角尖，所以，曾國藩在信中建議丁日昌不要固執己見，要善於聽取他人的意見，但同時也不能輕易遵從別人的意見，要分析利害所在，再下論斷。

自古以來，固執己見、剛愎自用就被認為是一個人最大的缺點之

一，尤其對於身處權利角逐中的人來說，如果剛愎自用，很容易一敗塗地。項羽就是很好的例子。項羽的才華、智力及帶兵打仗等各方面，都遠在劉邦之上，但由於他剛愎自用，不善於聽取手下人的意見，導致韓信、陳平、彭越、英布等部下，紛紛投靠劉邦，項羽最後敗在了比自己差很多的劉邦手裡。

一個人如果過於固執己見，就會像項羽一樣，很難交到真正的朋友，做事的時候也不易找到真心相助的人，這就在無形中給自己設置了很多「障礙」。我們都清楚，一個人的力量是有限的，不管你多麼聰明能幹，都不可能只憑自己的力量成就一番事業，必須得依靠別人幫忙，或者與別人團結合作，才能發揮出最大的能量。不固執己見的重要性不言而喻。

另外，不固執己見，並不是說就要完全放棄自己的想法，遵從別人的意見做事，而是考慮哪種意見更適合自己。正如曾國藩對丁日昌所說的，我們要理智地分析別人意見的優點和缺點，取其精華，去其糟粕，這樣便能夠客觀地分析利弊，找出最好的做事方法。

四

反躬自思，吾身不足處

1・天下古今之庸人，皆以一「惰」字致敗。天下古今之才
人，皆以一「傲」字致敗。

▌翻譯

從古到今，沒有作為的人都是因為懶惰而導致失敗的；從古到
今，所有才華出眾的都是因為驕傲而導致失敗的。

▌點評

本句摘自曾國藩的書信〈咸豐十年九月二十三日致沅弟〉。他在
信中詢問弟弟的驕傲之氣有沒有減少，以及軍中將士是否沾有傲氣
等，來勸勉弟弟要勤奮、謙虛。

古往今來，所有懶惰、不思進取的人，無不一事無成；所有恃才
傲物的人，最後無不淒慘收場。正因為如此，古代聖賢都推崇戒懶
惰、戒驕傲。縱觀歷史，大凡德厚修深的人，都是把這兩條列為自己
的必修課，提醒自己切不可犯這樣的錯誤。

所謂「少壯不努力，老大徒傷悲」，如果一個人不知道要做什

麼、該做什麼，或者雖然有一肚子理想，卻從不付諸行動，把時間消耗在無聊的事情上，那麼他便注定是一事無成。一個人太「惰」太「傲」，自然無法實現心中的抱負。

曾國藩在經過一番大悔大悟以後，發現了這一真理。他還說過：「敗人二字，非傲即惰。」又說：「最敗人的兩個字，一者傲，二者惰。」一個人如果既有傲氣又有惰性，誰也阻擋不了他終生一事無成的結局。

這樣看來，一個人想要塑造出與眾不同的人生，一個事業有成的人生，至少就應先克服懶惰和傲氣。

2・得力惟有一「悔」字訣。

▌翻譯

有所作為，就靠一個「悔」字訣。

▌點評

本句摘自曾國藩的書信〈同治六年正月初二日致沅弟〉。在此之前，曾國藩的弟弟請求曾國藩時時訓誡自己，曾國藩便在信中告訴弟弟，要想有所作為，就要學會「悔」。他在信中還講述了自己年輕時不懂「悔」這一字訣的故事。那時，他總是看到別人的不足，整日怨天尤人，直到大悔大悟以後，才意識到自己的不足，痛下決心規勸自己，之後進步極大。

人無完人，沒有一個人會一輩子不犯錯，關鍵是犯了錯以後能夠自我悔改。曾國藩還曾說：「默存一悔字，無事不可挽回也。」一個人心中始終記著「悔」字訣，就能夠客觀地思考問題，認識到自己的錯誤。

　　只是，懂得「悔」是遠遠不夠的，關鍵是要從中吸取教訓，加以改正，才能夠成為一個道德高尚的人。孟子曾講過一個寓言：一個人每天都去鄰居家偷一隻雞，別人告訴他這樣是不道德的，他說自己會慢慢改掉偷盜的習慣，先從一天偷一隻減少到一個月偷一隻，這樣一年後就能改掉了。這個人雖然認識到了自己的錯誤，但沒有立刻改正，這樣根本無濟於事。

　　曾國藩在信中反覆告誡弟弟，不管是春風得意，還是落魄潦倒，都要善於閉門思過，大悔大悟，這樣才能夠立足於世，有所成就。這一觀點對於我們現代人而言，同樣具有很好的借鑒意義。

五

內外兼修，完善自身

1・不貪財、不失信、不自是，有此三者，自然鬼伏神欽，到處人皆敬重。

▌翻譯

不貪求錢財，不失信於人，不自以為是，做到這三個方面，自然任何人都會對你信服欽佩，各個地方的人都會敬重你的為人。

▌點評

本句摘自曾國藩的書信〈道光二十八年六月十七日致諸弟〉。當時曾國藩的弟弟曾國潢與人打官司，其忠信為人所信服，所以，鄉里、縣裡乃至省城的交際都靠他往來。曾國藩得知後，便在書信中誇讚弟弟，並勸勉弟弟要「不貪財、不失信、不自是」，慎之又慎，

俗話說：「人為財死，鳥為食亡。」人一旦開始斂財，就容易變得貪得無厭，甚至因此貪污腐敗，這無異於自掘墳墓。誠信是中華民族的傳統美德，古人常說「人無信不立」，也就是說，一個人想要立足於世，就必須得守信用，這也是做人最基本的原則。古語又云：「水滿則溢。」自信本是好事，但若自信過頭，自以為是，表現出張狂傲慢的樣子，就容易阻礙事業的發展。

古往今來，只要牽扯到社會、政治，基本就清澈不了，而官場，總會有這樣那樣腐敗的現象，身處這樣的環境中，若能夠時刻保持清醒，不與其它人同流合污，就實屬難得了。特別是在晚清，官場腐敗幾乎已經到了登峰造極的地步，如果能做到不貪財、不失信、不自是，的確會讓鬼神都信服欽佩了。

曾國藩不僅以此勸勉兄弟和子孫，自己也終生恪守這一法則，著實是後世之人學習的典範。

2·來書痛自刻責，足徵樂於聞過，然處處疑人防人，究非君子坦白之道。

▌翻譯

你曾在信中很深刻地責備了自己，足以證明你喜聽人指點出你的過失。然而，處處懷疑別人，防範別人，終究不是仁義君子坦率的處世方法。

▌點評

本句摘自曾國藩的書信〈同治元年六月二十六日復李士棻〉。曾國藩雖是一個苦心向學的人，但因為學的都是經世致用的學問，所以與那些專門學空談道理大義與做死學問的讀書人不一樣。他靈活變通，通曉處世之理，不願自己的學生與普通的讀書文人一樣，只知死讀書，而不懂得變通。

李士棻是四川忠州人，字芋仙，道光三十年考中進士。李士棻可稱得上是曾國藩的學生，當年，曾國藩是朝考閱卷大臣，兩人之間也算有師生之誼。李士棻身上有較重的文人氣，為人狂放，卻又十分有才。曾國藩不大喜歡李士棻身上的這些文人氣，建議他克服掉。

　　從本句可看出，曾國藩對李士棻是很關心的，他直截了當地指出李士棻不應無緣無故地懷疑別人，這種行為是非君子所為的處世之道。

　　從古至今，文人身上有許多小毛病，比如不切實際、喜歡空談等等，像曾國藩這樣宣導經世之理的人往往最厭惡這樣的毛病。

3・內則讀書習字，令人起敬，外則忍氣寡言，令人起慕。

▌翻譯

　　對於自己，要堅持讀書鍊字，這樣就能讓人尊敬；對待別人，要沉默寡言，這樣就能讓人仰慕。

▌點評

　　本句摘自曾國藩的書信〈同治七年三月十五日致李光久〉。李光久，湖南湘鄉人，湘軍悍將李續賓的兒子。李光久舉人出身，後蔭襲三等國爵，曾參加過鎮壓太平天國和捻軍活動。曾國藩曾對其父李續賓極為器重，甚至把自己的六弟曾國華派到其手下當幫辦。一八五八年，李續賓與曾國華都戰死於三河鎮之戰，曾國藩異常悲痛，提攜了

李續賓之弟李續宜。曾國華的兒子曾紀壽隨後娶了李續賓的女兒，曾家與李家由此聯姻。

曾國藩在這封信裡教導李光久要學會忍耐。他在信中談到，當年李光久的父親李續賓雖然有不喜歡的人，但從來不在面上表現出來。比如，李續賓與其弟李續宜都看不起蔣益澧，李續宜曾對人提及過，但李續賓卻從來不說。曾國藩希望李光久能繼承其父的「忍耐」精神，在這上面下功夫，讓人敬仰、仰慕，這樣便能不辜負自己及其父的期望了。

古人想來推崇多讀書，認為讀書能夠增加一個人的修養，提高才能，成為道德高尚、受人尊重的人。蘇東坡也曾說：「腹有詩書氣自華。」一個人讀的書多了，身上自然而然就會流露出書卷氣，言談舉止也會流露出溫雅、脫俗的氣質，身上也會散發出遮掩不住的璀璨光芒，自然而然就會備受尊重。

而沉默寡言，是說做人要慎言慎行，不要一想到就馬上脫口而出，否則很容易說錯話。所謂「十語九中未必稱奇，一語不中則愆尤並集」，十句話裡你說對九句，可能沒有人會誇讚你，但你只要說錯一句，就會馬上受到指責；而慎言慎行，是指寧肯沉默寡言，也不多說話。唐代「安史之亂」的時候，梁崇義由於平時沉默寡言，看起來非常沉穩，所以在首領來瑱被誣陷以後，自然而然就被眾人推舉為首領。

讀書是修身之良方，而沉默寡言則是立身處世之良藥。曾國藩一生都奉行這一觀念，這才受到了無數人的尊敬和仰慕，避免了很多失敗。這一點非常值得我們後人學習。

養生靜心，則身強體健

1 · 性急則愈燥，總宜少為靜息。

▋ 翻譯

性子急躁就會變得更加暴躁不安，應該稍微地靜下心來休養。

▋ 點評

本句摘自曾國藩的書信〈咸豐九年七月十三日致李元度〉。在信中，曾國藩詢問李元度的病情如何了，囑咐他要靜下心來好好休養，這樣心火才能消退，心火消退了，其它火氣才會退去，身體才會康復。

古人認為急躁是疾病的根源，如果想要徹底除去病根，就要靜心休養。所謂「自靜其心延壽命，無求於物長精神」，只有心定氣和了，人的血道才會暢通，精氣才會充盈，正氣才會強盛，身體才會健康。古人常說「靜能養神」，說的就是這個道理。

《淮南子·原道訓》中說：「人生而靜，天之性也；夫精神氣者，靜而日充者以壯，躁而日耗者以老。」靜是人的一種天性，能夠

起到養生的作用，如果心能夠時常處於「靜」的狀態，就能夠很好地
延年益壽。

曾國藩生平很不喜歡吃藥，哪怕生病的時候，也堅持靠自身的靜
養來調節。他不僅自己以靜養生，還把這種養生方法傳授給兄弟、子
孫和弟子，他的弟弟曾國荃生肝病的時候，他就多次在信中囑咐曾國
荃要「靜養」。

現代人生活節奏快，脾氣也多急躁易怒，這非常不適合保養身
體，應該多向曾國藩學習，靜養身心，以除卻百病，延年益壽。

2・養生以少惱怒為本。

▌ 翻譯
養生之道，應當以儘量不惱怒為根本。

▌ 點評
本句摘自曾國藩的書信〈同治三年五月二十五日致沅弟〉。「養
生以少惱怒為本」這句還是曾國藩家里中廳所懸掛堂匾上的話。他聽
說弟弟的軍隊連連受挫，軍中士氣大挫，知道弟弟肯定會惱怒不已，
便寫信勸弟弟要少惱怒。

曾國藩曾在書信中多次提到「養生以少惱怒為本」的養生思想，
不僅和自己的兄弟說，也和兒孫們談論。實際上，這並非曾國藩完全
吸收古人的想法而來，而是他自己在多年的養生實踐中總結出來的。

他一生都沉浮於爾虞我詐、勾心鬥角的政治舞臺，精神壓力比一般人要大得多，也遭遇過無數憂憤難平的事情，意識到憤怒只能危害自己的身體健康，給自己帶來不好後果，所以十分注意制怒，同時也時刻提醒兄弟、兒孫們要制怒。

人都是情感動物，所以往往容易產生惱怒。古今中外，不知有多少英雄豪傑叱吒風雲一生，最終卻因易動怒而使身體垮掉。佛家常說「降龍伏虎」，這裡的「龍」就是指肝火，「虎」就是指肝氣，一旦「龍騰虎躍」，肝火、血氣就會過於旺盛，身體也會被戕害。可以說，惱怒就像一條毒蛇，一旦被它纏上，就會危害無窮。

所以，想要養生靜心，首先就得消除惱怒，減少憤怒。只有心中安泰平和，心胸豁達從容，身體才能保持健康。

3・心血肝血，以靜養而得凝聚，則百病胥除矣。

▋ 翻譯

心血、肝血需要依靠靜養才能得以凝聚，這樣就能百病不侵了。

▋ 點評

本句摘自曾國藩的書信〈同治四年正月二十六日復彭玉麟〉。當時，彭玉麟帶軍凱旋而歸，在到達濡須口的時候，身體出現心跳不齊，手腳麻木等不適症狀。曾國藩得知以後，便在給彭玉麟的回信中加以慰問，並囑咐他要靜養身體，不要過於操勞。

人類生活在天地之間，都得經歷一些日曬雨淋，才能夠完全適應大自然的氣候變化。在適應環境的過程中，人體的內部機體和心態總要隨著環境變化發生些許的改變，這時候人就很容易染上疾病。因此，想要治癒疾病或者遠離疾病，就需要藥物治療和心理調節同時進行。

事實上，人們的很多疾病都是由內因導致的，比如心煩氣躁、性格暴躁等，都會影響精神狀態，甚至落下「心病」，這時候人的機體活動以及對周圍環境變化的適應能力就會受到嚴重影響，免疫力也會大大下降，這時便很容易被外界病菌感染而患上疾病。

如果一個人能夠經常保持心態平和，寬容豁達，能夠包容各種事物，那麼他就不會因為心煩氣躁而導致心血、肝血凝結，自然也就減少了很多病症的發病幾率。

4 • 善言「靜」，猶是存養之道。

▌ 翻譯
善於闡述「靜」，才是保全養生的最佳方法。

▌ 點評
本句摘自曾國藩的書信〈同治九年二月十二日復陳艾〉。當時陳艾閒居在家，閉門謝客，並跟隨吳廷棟考求道理，他認為自己的一生受益於一個「靜」字，沒有「靜」，自己就沒辦法修身養性到這樣的

地步。曾國藩在信中肯定了他的這一觀點，告訴他「靜」是保全養生的最好方法，並鼓勵他不斷靜心休養，以達到更高的境界。

古人云：「躁心浮氣，淺衷狹量。此八字是進德者之大忌也。去此八字，只用得一字，曰主靜。」，《黃帝內經》中也說：「靜則神藏，躁則神亡。」保全養生的最好方法就是「靜」。「靜」能使人摒除雜念，心內沒有積蓄的東西，也沒有要追逐的東西，從而使精神情志處於一種淡泊、寧靜的活動狀態。人處於這種狀態下，就能夠有效地預防疾病，延緩衰老，從而促進健康，延年益壽。

古人認為養生之道的根本，在於調養精神，其最重要的一個方面也是「靜」。想要養靜，就要學會薄嗜欲、戒喜怒、少憂愁、少思慮、勿煩躁。一旦發現自己有了煩躁或者憂鬱的情緒，就要及時放寬心胸，靜心養氣，尋找合理的解決方法。

諸葛亮曾教育兒子：「夫君子之行，靜以修身，儉以養德，非淡泊無以明志，非寧靜無以致遠，夫學欲靜也，才欲學也，非學無以廣才，非靜無以成學。」曾國藩的這句話其實就是在諸葛亮這段話的基礎上進行的總結，他所說的「靜」不僅是一種哲學概念，更是一種幫助我們立身處世的智慧，裡面蘊含著無窮無盡的人生真諦，值得人們學習和借鑒。

六

家中興衰，
全繫乎內政之整散

——治家篇

家之興衰，斷不可忽

1・凡一家之中，「勤敬」二字能守得幾分，未有不興；若
全無一分，未有不敗。

▌ 翻譯

　　大凡一個家庭中，能夠做到一定程度的「勤敬」，就沒有不興盛
的；如果一點也沒能做到，就沒有不衰敗的。

▌ 點評

　　本句摘自曾國藩的書信〈咸豐四年八月十一日致澄弟溫弟沅弟季
弟〉。他在信中提到弟弟們都不愛收拾整潔、不勤勞，這是非常不好
的，是家道將要衰落的徵兆，勸勉弟弟們一定要細心收拾，給子孫們
做好榜樣，不要讓子孫們跟大人學懶惰。

　　古人修身治家之道，往往都是圍繞「勤」、「敬」、「謙」這幾
點，特別是「勤」，最受古人推崇。俗話說「一勤天下無難事」，
「勤有功，細無益」，只有辛勤努力，才能有所收穫。像車胤「螢入
疏囊」，孫康「雪映窗紗」，「蘇秦」懸樑刺股，祖狄「聞雞起
舞」……正是因為一個「勤」字，他們才得以成就一番事業，使家道
隨之興盛起來。

天下沒有白吃的午餐，想要家道興盛，就得努力付出才行，這是亙古不變的真理。曾國藩就是明白這個道理，才在書信中多次叮囑兄弟和子孫要遵守「勤敬」二字。

曾國藩這番話，對於任何一個家庭來說，都是非常值得學習和實踐的。

2 • 凡家道所以持久者，不恃一時之官爵，而恃長遠之家規，不恃一二人之驟發，而恃大眾之維持。

▌ 翻譯

所有家道能夠長久的人，不是憑藉一段時間內的官爵亨通，而是依靠長遠的家規，不是憑藉一兩個人的突然發跡，而是靠全部家庭成員來共同維持。

▌ 點評

本句摘自曾國藩的書信〈同治五年六月初五日與四弟國潢書〉。當時曾國藩的弟弟曾國潢和曾國荃同時封爵開封，曾國藩在信中告誡弟弟不要因此而荒廢「作田」，並告訴他想要保證家道長久不敗，就要堅守家規，讓所有家庭成員都團結起來，共同維持家中業務。

古人說：「道德傳家，十代以上，耕讀傳家次之，詩書傳家又次之，富貴傳家，不過三代。」其實，並非富貴不能過三代，而是由於很多富貴家庭缺乏良好的家風家規，家庭成員得不到好的薰陶，或者

整個家族只憑藉一兩個人的發跡來維持，那麼，再顯貴的家庭也無法長久。

所謂「打江山容易，守江山難」，用在家道維持上也是一樣的道理。兒孫輩沒有體驗過祖輩父輩早年「打江山」的艱辛，一出生就生活在富裕的物質條件中，腦海裡根本沒有「苦難」這樣的字眼，怎麼會有精神層面的認知？但如果能夠從一開始就定下嚴格的家風家規，讓兒孫們在這樣的環境薰陶下成長，那麼家道自然會長久流傳。

曾國藩這番話，不僅對於保持家道長久很有實際意義，而且對於兒孫的教育也有一定的深刻的意義。

3・居官有四敗，居家有四敗。

▌翻譯

做官有四敗，維持家道有四敗。

▌點評

本句摘自曾國藩的日記〈同治六年四月日記〉。他在日記中寫道，「居官」和「居家」各有四敗。居官四敗，即昏庸懶惰，任手下胡作非為；狂傲自大，看不起人；貪婪無止，揮霍無度；欺上瞞下，魚肉百姓。居家四敗，即婦女淫蕩無度，弟子驕奢不禁，兄弟不和，慢客辱師。他認為如果一個有財力、有權勢的家庭出現了這八種病端，那麼就說明這個家已經出現衰敗之象了。

在中國傳統文化中，家不僅是一個大家族中的倫理關係，更關乎所有家庭成員的人生。家庭是一個沾染了人性味道的存在，而且從古到今，家庭都是一直存在的，沒有任何其它秩序或者方式可以取代。

對於世上的所有人來說，家庭都是其生存的背景，如果家道興盛，人也會跟著得勢，如果家道衰敗，人就會變得孤弱，連出路也會大大減少。反過來看，家庭成員的行為又會影響家道的發展，如果家庭成員頹敗，家道就自然而然會衰敗。

居官為宦，家風家規往往關係著一個家庭的興衰，這點在《紅樓夢》裡體現得非常明顯。賈府到了賈政賈赦這一代，在官場上把曾國藩說的居官四敗全沾了，而在家庭裡，從上到下，居家四敗也一條未落，賈府最終失勢敗落也是必然的結果了。

可以說，曾國藩這句話「放之四海而皆準」，哪怕是現在，仍然是家道長遠發展的真理。

4・以耕讀二字為本，乃是長久之計。

▌ 翻譯

把重視耕作農事和教導子孫讀書作為根本，才是（家道）長久之計。

▌ 點評

本句摘自曾國藩的書信〈同治六年五月初五日致澄弟〉。他在信

中告訴弟弟，人的精力是有限的，不可能長久做官，只有把家裡的規模擴大、確立，重視耕作農事、子孫讀書，家道才能夠長久延續。

曾國藩一生都十分重視祖輩父輩的教導，他把祖父的理家經驗總結概括為八個字，即書、蔬、魚、豬、掃、早、考、寶，並要求家中子孫時刻謹記。其實，總的來說，這就是「耕讀」。所謂「耕」，就是家中男子要耕地施肥、種蔬菜、養魚、喂豬，女子要洗衣、煮菜、做鞋等等；而「讀」，就是家中子弟要多讀書，這樣才能成為明理之人，成為真正的君子。

其實，「耕讀」的深層含義，就是要勤勞。《國語》中說：「勞則思，思則善心生；逸則淫，淫則忘善，忘善則噁心生。」明代的馮夢龍又說：「治家以勤儉為本。」清代的史襄哉也說：「勤儉富貴之本，懶惰貧賤之苗。」可見，勤勞才能避免養尊處優而帶來的壞習氣，從而使家道長久延續下去。

從曾家後來的延續來看，曾國藩這一治家思想的確具有很好的積極意義。

二

和睦則福生，家道可長久

1 • 家和則福自生。

▌翻譯

家庭和睦，那麼福分就自然而然會到來。

▌點評

本句摘自曾國藩的書信〈道光二十三年正月十七日與父母書〉。他在信中請求父母同意讓弟弟們拜師、外出求學，並告訴父母，在一個家庭裡，兄長說話弟弟都聽，弟弟有要求哥哥都同意，全家和和氣氣的，家道才能興盛，否則家道必會衰敗。

古人向來宣導「家和」，也就是所有家庭成員團結和睦，能夠和諧相處。古人認為，人和則氣盛，「氣」旺盛了，家道自然會興旺，福分自然也會如約而至。「家和萬事興」與本句有著異曲同工之妙。

一個家庭裡，成員之間團結和睦，彼此的心情才會舒暢愉悅，全家人才能夠團結一心，相互幫助，相互理解，相互尊重，相互支持，共同克服各種困難，把家庭中的交易處理好，家業才會興盛，家道才能興旺。

當然，和睦並非只做表面功夫，必須是出自肺腑的，否則，表面看上去很和睦，實際上各懷鬼胎，人心分裂，那麼力量就無法凝聚起來，家道自然也無法延續下去，幸福也就無從談起。

2・兄弟和，則窮民小戶必興；兄弟不和，雖世家宦族必敗。

▌ 翻譯

兄弟和睦，就算是窮苦的小戶人家也會興旺；兄弟不和，哪怕是那些高門大戶的世族之家也一定會敗落。

▌ 點評

本句摘自曾國藩的書信〈道光二十三年二月十九日稟父母〉。他在信中向父母說明了與弟弟國潢意見不合之事。弟弟國潢當時希望能外出尋館教書，還要帶著小弟弟國葆一起出門求學。曾國藩得知後，認為此事「荒功誤事」，極不贊同，但由於國潢堅持要去，他為了兄弟和睦，只得答應，最後還主動資助了弟弟外出所需的費用。

古時中國人的家族意識非常強，一個家族的兄弟往往一同居住，共用一個廚房。這些兄弟未必是指一母同生的兄弟，那些嫡母、繼母或小姜所生之子可能全都住在一起，同時還有同高祖、同曾祖、同祖的兄弟等等。這麼多人共同居住在一起，關係就會十分複雜，一旦兄弟之間出現了矛盾與心結，偌大的家族根基可能就會搖搖欲墜，所以曾國藩站在為家族著想的高度上，不得不同意其弟的做法。

注重兄弟和睦與友愛，是維繫無數龐大家族的一種極大智慧，自古以來就有許多經典古籍傳頌了兄弟和睦的重要性。《易經》中有名句「二人同心，其利斷金」，《三家經》中也有「兄則友、弟則恭」之句，《幼學瓊林》中還提及「世間最難得者兄弟」等句，全都說明了兄弟關係的重要性。

　　可以說，曾國藩此舉，既身為兄長的一種大量，還是一種高超的智慧之舉。

3 · 和氣致祥，乖氣致戾。

▌ 翻譯

　　和氣會帶來祥和、福氣，不和則會導致禍端。

▌ 點評

　　本句摘自曾國藩的書信〈咸豐八年十一月十二日致澄弟沅弟季弟〉。他在信中反思自己去年與弟弟曾國華因為小事而生出嫌隙，鬧得不愉快，而今年曾國華不幸去世，他認為是兄弟間的不和才招來禍端，因此勸慰兄弟們要和睦。

　　古人認為，人生在世，應以和氣恬然為最好的生活態度。待人處事時，常帶和氣，就能營造祥和的人際關係，從而獲得祥和的家庭氛圍和生活環境。反之，如果處處與人針鋒相對，無時無刻不想著放冷箭、暗箭，就會招來禍端。這種行為就是曾國藩所說的乖戾之氣，是

一種不祥之氣，會讓人變得心胸狹隘，處事乖張，樹敵無數，這樣必然會增添很多麻煩。

對於家庭來說，也是同樣的道理。家庭成員之間不能和諧相處，彼此都不懂得檢視自己的言行，不是今天你挑我的刺兒，就是明天我找你的麻煩，到處怨氣衝天，怨恨難平，在這樣的環境裡，自然沒有人能心平氣和地生活，家庭裡自然就會整天雞飛狗跳，大事不斷，小事連連。

雖然曾國藩在這封信中提及的事情有些過於迷信，但「和氣致祥，乖氣致戾「的思想卻是有道理的，值得後人深思。

4・孝致祥，勤致祥，恕致祥。

▌ 翻譯

孝順讓家庭一片祥和，勤勞讓家庭一片祥和，寬容讓家庭一片祥和。

▌ 點評

本句摘自曾國藩的書信〈咸豐十一年三月初四日致澄弟沅弟季弟〉。他在信中寫道，身處官場，時刻處於危機四伏的環境中，隨時都可能遭逢意外，所以一定要勤謹和平，以免招來禍患。

在中國傳統文化裡，孝佔有極其重要的地位，可說是一切道德和美德的基礎。《論語》中說：「孝悌也者，其為仁之本與！」在一個

家庭裡，只有父慈子孝，兄弟和睦，家庭才能夠幸福祥和。正因為此，曾國藩認為：「孝友為家庭之祥瑞。」

勤，同樣是中國傳統美德之一，備受古人推崇。《左傳》中說：「人生在勤，勤則不匱。」《抱朴子》中也說：「不惰者，眾善之師也。」明代小說家馮夢龍也說：「治家以勤儉為本。」可見，勤不僅關係著一個人事業的成敗，還關係著一個家族的興衰，難怪曾國藩及其祖父輩都視勤為「人生第一要義」。

同前兩者一樣，「和」也是中國傳統道德中的重要思想和美德。孔子說：「和為貴。」，《中庸》中說：「和也者，天下之達道也。」董仲舒也說：「德莫大於和。」可見，古人對於「和」的重視程度到底有多高了。「和」就是指心態平和、家庭和睦、人際和諧，特別是家庭和睦，最為曾國藩重視，他認為「和字能守得幾分，未有不興，不和，未有不敗者」，也就是所謂的「家和萬事興」。

曾國藩這一思想起源於中國傳統文化，不僅是宣導美德，更是喚起我們對自己和家庭的責任感，具有極其深遠、積極的意義。

寶貨易用盡，忠孝享無窮

1・孝友之家，則可以綿延十代八代。

■ 翻譯

孝敬父母、兄弟友愛的家庭，就能夠綿延十代八代。

■ 點評

本句摘自曾國藩的書信〈道光二十九年四月十六日致澄弟溫弟沅弟季弟〉。他在信中提到，大部分官宦家庭，福祿多數只能維持一代，維持到兩代的就不多見了；而商賈之家，如果勤勞簡樸，也只能綿延三四代；耕讀之家，若謹慎樸實，能綿延五六代；而孝敬父母、兄弟友愛的家庭，就能延續十代八代。所以，他勸兄弟們要勤勞、多讀書、孝敬父母、友愛兄長。

古人常說：「百善孝為先。」孝不僅是一種道德標準，更是情感的基礎。古代甚至都曾設立過一個專門的激勵行孝的制度，即「舉孝廉」，也就是由地方推舉孝順父母、行為清廉的人，由國家任命為官員。

「友」就是指兄弟要友愛團結，相互幫助，它跟「孝」是相輔相成、不可分割的。大凡孝順父母的人，在對待兄姐妹上往往也會「友」。

一個家庭裡，如果父母慈愛，兒孫孝順，兄弟友愛，那麼這個家在對待外人時也會有愛心，可以投桃報李，與人為善，別人自然也會與之友好相處，願意相助。這樣，這個家庭就可以左右逢源，和諧興旺，從而綿延十代八代甚至更久。

所謂「百善孝為先」，「孝」，不管是對個人發展，還是對家族綿延，都具有深遠的意義。

2・貴忠誠切直

▌翻譯

看重忠誠率直。

▌點評

本句摘自曾國藩的奏章〈道光三十年四月初四日條陳日講事宜疏〉。他在奏章中，請求陳講「貴忠誠切直」，這樣每日進講，官員自然會多進直言，對於現時的政治時局將大有裨益。

古人非常看重敢於直言的人，認為他們才是真正的忠臣。對於一般人而言，忠誠率直的品質通常體現在真誠上。

西漢時期，著名將領李廣在打獵時，一天晚上，他在草叢裡發現一隻老虎，急忙用盡全身力氣拉開弓箭，全神貫注地射去。等到第二天一看，才發現原來他射中的是一塊大石頭，他的箭幾乎全部沒入了石頭裡。之後他再嘗試，連續幾箭，都沒有射進去。當時的學者揚雄知道後，說：「如果誠心誠意地去做，就算金石這樣堅硬的東西，也會被感動的。」這就是「精誠所至，金石為開」的故事。

古人認為，表裡如一，不虛偽，待人真誠，是君子應有的基本道德，也是與人交往的原則，只有誠實大方地與人交往，才會讓人覺得賞心悅目，具有親善感。否則，表面一套心裡一套，陽奉陰違，動不動就裝腔作勢，只會讓人覺得這個人沒有德行，不願與之來往。

曾國藩的這句話不僅對於做官具有重要意義，對於做人同樣具有借鑒意義。

3・以勤儉自恃，以忠恕教子。

▌ 翻譯

以勤勞節儉自我約束，以忠厚寬容教育子孫。

▌ 點評

本句摘自曾國藩的書信〈同治十年三月初三日致澄弟沅弟〉。他在信中提到，自己沒有給過別人恩惠，且犯過很多錯誤，總是擔心會報應在後輩身上，所以，他要求弟弟們要時刻與他相互勸勉，以勤勞

節儉自我約束，以忠厚寬容教育子孫，才能使家族名譽不會敗落。

在《論語》裡，曾子評價孔子的學說時，說道：「夫子之道，忠恕而已矣。」也就是說，孔子的學說，就是「忠」和「恕」兩個字罷了。

「忠」，就是忠人之心，盡力幫人做事。這不僅是中國傳統文化的倫理範疇，更是儒家所推崇的處理人與人之間關係的準則。孔子曾說：「己欲立而立人，己欲達而達人。」想要自身有所作為、飛黃騰達，就要竭盡全力幫助別人，讓別人有所作為、飛黃騰達，這也就是古人所推崇的「忠厚」。

「恕」，就是推己及人，寬以待人。子貢曾問孔子，有沒有一句話可以奉行一輩子？孔子回答說：「其恕乎！己所不欲，勿施於人。」就是說，自己不願意做的事，不要強加給別人。

曾國藩對於曾家後代寄予厚望，希望他們能夠去除驕傲、懶惰的習氣，學習恭謹、謙遜、忠厚、寬容的風氣，這樣才能成為有道德，受人尊敬的君子，不會使家族聲望受到損害。

四

嚴教子女，家運可盛

1 · 家中兄弟子侄，總宜以勤敬二字為法。

▌翻譯

家裡的兄弟子侄，都應該以勤勉有為、謙虛容人為準則。

▌點評

本句摘自曾國藩的書信〈咸豐四年七月二十一日致澄弟溫弟沅弟季弟〉。他在信中寫到，一個家庭如果勤勉有為、謙虛容人，就算身處亂世，也能興盛起來；對於個人而言，只要能做到「勤敬」，就算天生愚鈍，也會讓人覺得有賢者風度。所以，他提醒兄弟們，要以「勤敬」二字來教導家中子弟。

古人修身齊家治國的方法，概括起來，也就是「勤於政事，胸懷廣大，謙虛謹慎」。特別是勤、謙這兩點，更是要貫徹到底，任何時候也不能背離。勤能夠去除懶惰的習氣，讓人勤奮上進；謙則會讓人時刻警惕不要驕傲，能夠做到這兩點，胸懷自然也就寬廣了。

曾國藩認為，他們兄弟的功勞、官位和名望都已經非常高了，很

容易招來他人的嫉妒和仇視。所謂「樓高易倒，樹高易折」，他們一家正時刻處於危險之中，如果家中子弟不能夠講求寬和、謙遜，不能勤奮上進，那麼整個家族的名譽就容易蒙受污點，家道甚至會因此而敗落。所以，作為長輩，應該時刻以「勤敬」二字訓導家中子弟，督促他們修德進業，提高自身德行，才能夠贏得他人的尊重，左右逢源，同時也為家族爭光。

2 · 以習勞苦為第一要義。

▌翻譯

把養成勤勞刻苦的習性作為第一條準則。

▌點評

本句摘自曾國藩的書信〈咸豐五年八月二十七日致澄弟溫弟沅弟季弟〉。他在信中提到，身處亂世，家裡有太多錢會招來禍端，而且會讓家中子弟有所依仗，養成安逸懶惰的習性，所以，為了避免家中子弟變得安逸懶惰，應該把養成勤勞刻苦的習性作為教育他們的第一條要義。

古人向來看重勤勞刻苦的品德，認為這是世上最值得盛讚的一種美德，值得人們尊重。從古到今，曾有不少勤奮刻苦的人，比如鑿壁借光的匡衡，燃荻讀書的劉綺，吹火讀書的蘇廷，帶經耕鋤的常林，牛角讀書的李密，三年不窺園的董仲舒……這些人都是憑藉自身的刻苦努力來修德進業，成就一番事業，贏得人們的尊敬。

古人常說：「奮與憤盛衰之本，勤與惰成敗之源。」又說：「天下古今之庸人，皆以一惰字致敗。」可以說，勤奮是成功的祕訣，而懶惰則是失敗的催化劑。不管天賦如何，只要肯努力就能夠取得勝利；反之，就算天賦極高，後天不勤奮，也終會無所成。就像方仲永，五歲能詩，鄉鄰驚為天人，但他後天並不勤奮努力，最後「泯然眾人矣」。

3 · 後輩子姪，總宜教之以禮。

▌ 翻譯
後輩子姪，都應該教會他們禮法。

▌ 點評
本句摘自曾國藩的書信〈咸豐八年八月二十二日致澄弟季弟〉。他在信中勸慰弟弟們要教後輩子姪禮法，不能助長他們驕橫偷懶的性子，現在一再縱容他們的話，以後就很難改正了。

中國素有「禮儀之邦」之稱，古人也特別重視禮法教育，並以懂禮、習禮、守禮、重禮為社會規範，來評斷一個人的道德和行為。所以，《周禮》、《禮儀》、《禮記》這三部專門闡釋禮儀的著作一直被人們奉為經典。

古人認為，禮法不僅蘊含著人類對於天地的敬畏之心，也代表了一個人乃至一個家族的德行修養，甚至關係著整個社會的和諧發展。

《左傳》中說：「禮，經國家，定社稷，序民人，利後嗣者也。」也就是說，禮法就是秩序，是對社會、家庭的各種秩序和尊卑關係的一種規範，也是人們行為處事的準則。

《禮記》中說：「道德仁義，非禮不成，教訓正俗，非禮不備。分爭辨訟，非禮不決。君臣上下父子兄弟，非禮不定。宦學事師，非禮不親。班朝治軍，蒞官行法，非禮威嚴不行。禱祠祭祀，供給鬼神，非禮不誠不莊。是以君子恭敬撙節退讓以明禮。」又說：「使人以有禮，知自別於禽獸。」又說：「人有禮則安，無禮則危。」可見，「禮」不僅是中華文化中的一個方面，更是一個人立身處世、修德進業，一個國家安穩平定的基礎。

曾國藩的這句話講得雖然是家庭瑣事，但其中所體現出來的修身治家的思想，卻十分值得人們反覆思考。

五

惜福節儉，福延子孫

1・居屋莫太宏麗。

■ **翻譯**

住的房子不要太過宏大華麗。

■ **點評**

本句摘自曾國藩的書信〈咸豐九年元旦致澄弟沅弟季弟〉，原句是「僅作住屋，則不宜太宏麗」。當時曾國藩的弟弟曾國荃畫了建造房屋的樣圖給曾國藩看，曾國藩看後，便在信中提醒弟弟，如果是作為家族三代祠堂，規模宏大可以，但如果只是作為住屋，最好不要太宏麗。

古人常說「錢財不可外露」，並非沒有道理。明代富翁沈萬三暴富以後，廣置田宅，廣羅美人，並為每一位妻妾都建造一座華麗的住屋，自此，全天下幾乎無人不知江南首富沈萬三。後來，他為了討好朱元璋，又想犒勞三軍，卻因錢財太過外露而惹怒了朱元璋，被充軍雲南。

所謂「樹大招風」，有錢本身並不是壞事，但如果生活過得太過奢華，房屋宏麗，排場奢靡，就容易讓人眼紅嫉妒，給自己埋下禍根，比如，可能惹人非議，或平白無故遭受冤屈，或招來盜賊，給自己帶來一些不必要的麻煩等等，甚至有可能會像沈萬三一樣，得罪權貴，給整個家族帶來禍端。

不僅如此，古人還認為，花錢太過大手大腳，也違背了勤儉持家的準則，容易讓人陷入安逸懶惰、貪得無厭的泥沼，從而阻礙了自身的修德進業。

所以，曾國藩的這句話不僅是修身齊家的智慧，還是明哲保身的良方。

2 · 不可日趨奢華。

■ 翻譯

不能越來越奢靡豪華。

■ 點評

本句摘自曾國藩的書信〈咸豐十年四月二十四日致澄弟〉。他在信中叮囑弟弟，操持家中事務時，一定不要太過奢靡豪華，更不能讓子孫學習其它大戶人家的口氣，動不動就笑不如自己的人家。

「惡奢侈，倡簡樸」一直以來都是中華民族的優良傳統。古人認為，「儉以養德」，所以總是把「儉」作為培養道德、磨礪精神的重要方法。

李商隱說：「歷覽前賢國與家，成由勤儉敗由奢。」縱觀歷史，也確實如此。漢文帝崇尚節儉，不僅自己力戒奢靡，也要求身邊的人如此，所以成就了「文景之治」；商紂王又建鹿臺，又造酒池肉林，奢靡至極，最終斷送了商朝的大好江山。所謂「奢靡之始，危亡之漸」，「始作驕奢本，終為禍亂根」，說的就是這個道理。

曾國藩曾在另一封書信中寫道：「由儉入奢易，由奢入儉難。」他本人在教育家中子弟不要奢靡的同時，也嚴格要求自己。他在京城為官時，曾多次想回家探親，但因為覺得太浪費錢財而打消了念頭。這種不奢靡、不鋪張浪費的良好作風，值得後人敬仰。

3・勤儉二字，無論居家居官，皆不可少。

▌翻譯
勤儉這兩個字，不管是持家還是做官，都不可缺少。

▌點評
本句摘自曾國藩的書信〈同治二年六月十四日致王瑞臣〉。他在信中告誡王瑞臣要「勤儉」，並告訴他，不管是持家還是做官，這兩種品德都是不能缺少的。

古人向來崇尚勤儉，甚至認為勤儉關係著一個人、一個家族的生死存亡，絕對不容忽視，《周易》中有云：「君子以儉德闢難。」就是說，君子憑藉儉樸的德行來避免災難。古人的這種思想，一方面是

防患於未然，勸勉人們要勤勞節儉，避免太過奢靡腐化而招致災難；另一方面也在告訴人們，勤儉的德行能夠幫助人們克服危險，渡過難關。

曾國藩並不缺少銀錢，但卻時時告誡自己和家中子弟，要注意勤儉。他曾提出「五勤」：身勤，不管多麼艱難的路途，都要親身實踐；眼勤，對人要認真觀察，對公文要反覆審閱；手勤，勤收拾隨手丟棄的東西，隨時記下容易忘記的事情；勤，與同僚相互提醒，對子弟時時訓導；心勤，苦心經營，誠心以待。

至於節儉，他一則「持身儉」，時刻告誡自己要自尊自立，不鋪張浪費；二則「治家儉」，時刻嚴格要求家中子弟不能太過奢靡；三則「為官儉」，雖然久居高位，但始終以儉養廉，時時以清廉自戒。

對於現代人而言，有時候很多事情沒有做好，其主要原因就是「勤儉」二字沒有做好。

4・為先人留遺澤，為後人惜餘福，除卻勤儉二字，別無做法。

▍ 翻譯

想要為先人保留遺留下來的恩澤，為後輩子孫珍惜餘下的福澤，除了勤勞節儉，沒有別的方法。

▌點評

本句摘自曾國藩的書信〈同治三年正月十四日致澄弟〉。他在信中提到自己不想多往家裡寄錢的原因：擔心老一輩的人過於奢靡，晚一輩的人過於驕傲。他認為，除了勤儉二字，沒有別的方法可以保留先人留下的恩澤，讓後輩們珍惜福澤。

古人認為：「儉開福源，奢起貧兆。」意思是說，節儉能夠開啟幸福的源泉，而奢靡則會帶來貧困。在古代，很多家境殷實、家風嚴苛的人家，門前常常會懸掛這樣一幅楹聯：「勤儉傳家久，詩書繼世長。」以勤儉二字示人，不僅勸勉家中子弟要勤儉節約，同時也告訴世人自己家的家風良好純正。

古人一直把勤儉作為修身、齊家、治國的一種準則和美德。《尚書》中說：「惟日孜孜，無取逸豫。」；《墨子》中說：「儉節則昌，淫佚則亡。」；《飲食紳言》中說：「儉約不貪，則可延壽；奢侈過求，受盡則終。」；《格言聯璧》中說：「儉則約，約則百善俱興；侈則肆，肆則百惡俱縱。」這些經典著作中的話，無不在向我們昭示：勤儉節約，能夠帶來好事；奢侈放縱，則會讓壞事不斷滋長。

曾國藩這種「為先人留遺澤，為後人惜餘福」的思想直到今天，仍能給人們帶來很大的啟發，其中的精髓值得人們回味深思。

六

遠近親疏，多策略巧避嫌

1・與長輩常存休戚一體之念。

■ **翻譯**

與長輩相處，要常常懷著同他們一起感受喜悅和憂愁的想法。

■ **點評**

本句摘自曾國藩的書信〈咸豐八年十二月三十日諭紀澤〉。曾國藩在信中告訴兒子，與長輩相處時，要常常懷著同他們一起感受喜悅和憂愁的想法，不要對他們懷有成見，這樣才會得到長輩的喜愛和器重。

曾國藩這一思想可以用「休戚與共」來形容，是一招屢試不爽的策略。早在春秋時期，晉國的公子姬周被晉厲公派到周國的單襄公家裡做家臣。姬周雖然身處國外，卻時時刻刻關心著祖國的事情，聽到有關晉國的好消息，他就表現得十分開心，聽到壞消息，他就表現得憂心忡忡。時間一長，所有知道他的人都誇讚他的愛國之心。在晉厲公被殺之後，他成功地當上了國君。

雖然姬周不是在博取長輩的喜愛，但其本質卻是一樣的。只要能夠對長輩的悲歡喜樂感同身受，那麼就能夠輕而易舉地贏得長輩的好感。俗話說「人心換人心」，長輩看多了世態炎涼、爾虞我詐，便欣賞和喜愛能夠真心對待自己、與自己休戚與共的晚輩。

2·禮厚不如情真。

▌翻譯

禮物豐厚，不如情意真切。

▌點評

本句摘自曾國藩的書信〈咸豐十一年六月十四日致澄弟〉。當時曾國藩的舅母去世，曾國藩的兒子前往弔唁，曾國藩在信中詢問弟弟有沒有前去弔唁。他告訴弟弟，之前祖父並沒有送什麼豐厚的禮物給舅舅家，但是情意卻異常真切，而現在很多富貴家庭，都喜歡指使別人去送豐厚的禮物，自己卻不去，就顯得情意非常淡薄，因而，曾國藩告訴弟弟「禮厚不如情真」。

古人認為，對別人表達自己的情意和敬重之意，不在於禮物是否豐厚，而是在於是否情真，具體表現為對父母孝順，對老師敬重，對子弟真心訓導等等。也就是說，所謂「禮尚往來」，是重在情意而非禮物。

孔子曾教育學生：「禮，與其奢也，寧儉。」李白也曾說：「人

生貴相知，何必金與錢。」如果把情意變成金錢交易，染上「利益」色彩，那麼，「禮尚往來」就會成為赤裸裸的「利尚往來」，之前的真誠情意便會大打折扣。

所謂「千里送鵝毛，禮輕情意重」，只要情意到了，就算是送根鵝毛給對方，對方也會感受到你的真誠。所以，古人常以「會數而禮勤，物薄而情厚」來教育子孫。意思就是說，熟悉禮節進退，勤向別人施禮，不能看重禮物的輕重，應當看重情意。

曾國藩這一思想不僅講求實際，還從另一方面體現了他力戒奢靡的思想，給習慣於送禮的現代人提供了一定的借鑒。

3．門第鼎盛，而居家規模禮節愈要認真講求。

■ 翻譯

家族的權勢和地位興盛的時候，家中的規矩和禮節更要認真講求。

■ 點評

本句出自曾國藩的書信〈同治五年六月二十六日諭紀澤、紀鴻〉。他在信中提到，自古以來，世代為官的人家之所以能夠長久地維持下去，是因為男子能夠講求種地、讀書這兩件事，而女子能夠講求紡績、酒食這兩件事，但他發現自己家族並沒有很好地講求這些規矩和禮節，因此在信中告誡兒子要認真加以注重。

中國古代的社會是建立在血緣基礎之上的一個宗法社會。家是最小的單位，家庭聚居成族，家族積聚成國，國家的安定與家族有著密不可分的關係。想要國家治理得好，首先得把家治理好，也就是說，治家是治國的基礎。

俗話說：「無規矩，不成方圓。」特別是在古代，多是以家族聚居為主，如果生產和分配安排不均衡，又沒有一定規矩制約人們的行為，大家族內部就會矛盾重重，陷入混亂。只有定下規矩，嚴格要求家族成員，家族中的所有人才會同心同德，擰成一股繩，勁往一處使，才能使整個家族興盛繁榮，長久地延續下去。

雖然到了現在，家族觀念已經明顯淡薄了，但曾國藩的這一思想，對於任何家庭來說仍然有著深刻意義。

4．誡富貴之家不可敬遠親而慢近鄰也。

▌翻譯

我鄭重地告誡你，富貴人家不能只尊敬遠親而怠慢鄰居。

▌點評

本句摘自曾國藩的書信〈同治五年十一月二十六日諭紀澤〉。當時，曾國藩的家族剛剛移居富圫，他在信中告誡兒子，富貴人家不能只敬遠親而怠慢鄰居，要對鄰居恭敬一點，除了不管閒事、不幫人打官司，其它的事情如果能幫得上忙，就要伸出援助之手。

古人認為，鄰居是六大親系中的一種，所以又被稱為「鄰親」。如果鄰里關係處得好，也會像親人一樣，甚至比遠親更重要。這也是古人追求的一大「境界」。古代多是家族聚居，如果鄰里關係和睦友好，對於個人和家族來說就會很有幫助，所謂「有酒有肉敬遠親，有事有難靠近鄰；遠水不解近渴，遠親不如近鄰」，講的就是這個道理。

早在唐宋時期，就有「千金置宅，萬金買鄰」的說法，就是說花一千兩金子可以買到一所好房子，可是花一萬兩金子也不一定能買到好鄰居，此外，民間還有「鄰里好，賽金寶」的說法，可見鄰居的重要性。鄰里之間低頭不見抬頭見，雖然不是一家人，但發生什麼事情時，總會相互幫一把，相互行個方便，這要比遠親及時得多。

正是因此，曾國藩才會再三告誡家中子弟，要與鄰居和睦相處，能伸手幫一把就不要吝嗇，其實這種思想正是為自己積纍善緣的智慧。

七

高明由於天分，
精明由於學問

——治學篇

讀書即是立德，多讀多學

1·吾人只有進德、修業兩事靠得住。進德，則孝悌仁義是
也；修業，則詩文作字是也。

▌翻譯

　　人只有修煉品德，讀書寫文章這兩件事才靠得住。進德是指孝、
悌、仁、義；修業是指讀書寫文章的能力。

▌點評

　　本句摘自曾國藩的書信〈道光二十四年八月二十九日致諸弟〉。
他在信中說四弟關於「七夕」的詩寫得很好，提醒他要多讀書多寫
詩，要有恆心等。

　　曾國藩一生以「敬德修業」四個字來勉勵自己去積極思考，使自
己獲得最大的進步。他一生事業輝煌，從「湘軍首領」到「中興功
臣」，自我修養極高。他曾說讀書只為兩件事：一是增進自己的道德
修養，追求修身、齊家、治國平天下的道理；二是修習學業。

　　曾國藩將「敬德修業」當作自己進步成功的基礎，將讀書學習當

作是提高個人修為的基本要求。在他看來，一個人的事業成功，與百折不撓、積極進取、堅韌進取等精神是分不開的。

曾國藩不僅勤於讀書，而且還善於讀書。他喜歡讀史，喜歡歸納，注重消化，喜歡提出自己的見解，以此作為重要的讀書方法。他曾寫出《歷代大事記》數卷，可見在修業上亦做到了極致。他很重視讀書筆記，他讀書時常隨手摘記，以求學以致用。他曾說：「萬卷雖多，而提要鉤玄不過數語。」「凡奇僻之字，雅故之訓，不手抄則不能記。」

2・讀書之法，看、讀、寫、作，四者每日不可缺一。

▌翻譯

讀書的方法在於在看書和閱讀的過程中，用筆做好筆記留下自己的心得或者評論，應天天如此。

▌點評

本句摘自曾國藩的書信〈咸豐八年七月二十一日諭紀澤〉，曾國藩認為讀書時作好筆記，是認知的必然，對閱讀的深化，能積纍知識，還能使讀與思、學與習融會貫通起來。

不動筆墨不讀書，是很多偉人讀書必奉的一個原則。例如毛澤東在讀書就時常會留下自己的心得或評論，在書中勾劃圈點，其評點二十四史的讀書筆記最為詳細，讀來不免讓人肅然起敬。許多人認為

錢鍾書有過目不忘的本領，但他自己卻坦言：「好記憶不如爛筆頭。」錢鍾書讀書必會作筆記，很多時候做筆記的時間甚至會超過讀書時間的一倍。

先人們有「立身以立學為先、立學以讀書為本」之箴言，《今世說》有云：「靜坐自無妄為，讀書即是立德。」讀書能使人明理，就能自然合道，合道即為立德。讀書人應當擺脫從功利的角度看問題的習慣，讓讀書成為自己的一種生活習慣和方式，從幸福愉悅生活的角度來看問題。

對於讀書，曾國藩還認為：「學問之事，以『日知月無亡』為吃緊語；文章之事，以『讀書多，積理富』為要。」一個人每天都知道自己的不足，去學習和進步，每個月也不忘記進步和成長，月末時總結自己所學到的東西，才能得到進步。

讀書學習是人生成長之梯、是文明傳承之途、國家興盛之要！通過讀書學習，自身各方面的素養、知識能力等才能獲得較大的提升。

3 • 人之氣質，由於天生，本難改變，惟讀書則可變化氣質。

▌翻譯

人的氣質是天生的，很難得到改變，只有多讀多學，其氣質才能得以改變。

▌點評

本句摘自曾國藩的書信〈同治十一年二月四日諭紀澤〉。在信中，曾國藩不僅表達了多讀書可以改變一個人的情操和價值觀的想法，還指明了一些讀書時需要注意的重要方法。

曾國藩是標準的儒家知識分子，總結讀書的方法主要有三條：第一，「一書不盡，不讀新書」。有很多人一本書沒讀完，就急著讀另外一本，不但沒有讀通，也不能理解透徹。第二，他不主張死記硬背，曾說：「凡讀書，不必苦求強記。只須從容涵泳，今日看幾篇，明日看幾篇，久久自然有益。」第三，他主張讀書作札記，學會邊看邊寫，把讀書時的所感所想，疑惑不解的地方，隨手記下來便於讀而後學。

此外，曾國藩還提議要多讀經典。經典是古代先賢們思想和智慧的結晶，這些思想和智慧是經後人反覆實踐和驗證過的，最值得人們學習與吸取。

知識性的東西會隨著時間的流逝而會不斷更新，但思想性和智慧性的東西則會隨著時間的沉澱，變得越來越有價值，一個人也正因為吸收了經典之中的精華，才能變得淡定從容，由內而外散發出優雅雍容的氣度。

二

為學虛心，成就經世之才

1 · 吾人為學，最要虛心。

▌ 翻譯

我們研究學問最重要的就是虛心。

▌ 點評

本句摘自曾國藩的書信〈道光二十四年十月二十一日致諸弟〉。曾國藩在信中告誡弟弟們學習時要懂得謙虛，他認為，認真做學問的人，總是會向別人虛心請教，即便聖人孔子也是如此；而學問不多不深，半桶水的人，反倒不會謙虛，讀過幾本書就自以為了不起，這種人沒有謙虛的美德，不是真正的讀書人。

莊子說：「吾生也有涯，而知也無涯，以有涯隨無涯，殆已。已而為知者，殆而已矣。」意思是說每個人的生命都十分短暫是有限的，而世間的知識卻是無限的，如果因為自己學到點東西，就自以為是，毫不虛心，隨意指點和批評別人，那真是愚蠢啊！

在曾國藩看來，能做到謙虛的人就能得到別人的友善和關心，從而為事業上的成功打下良好的基礎。從某種程度上說，曾國藩也正是由於虛心求學，才擁有了日後的高位。

曾國藩曾說「為學之道，不可輕率評譏古人。惟堂上乃可判堂下之曲直，惟仲尼乃可等百世之於」，以誡後人不能自滿，不能妄加嘲笑和批評別人。在他看來，只有學問超過了古人，才可以譏評他人。若還沒看懂，就隨便評價，只是一種坐井觀天的表現。只有做到像孔子那樣的學問，才可以評判是非曲直。

然而，像孔子這樣虛心求學，信奉「三人行，必有我師焉」的聖人，從來不會隨便評判曲直，所言所行之前，必經過了深思熟慮的思考，這種謙遜嚴謹的態度使他獲得了人們的尊敬；曾國藩閱遍諸子百家，猶不敢著書立說，可見其之虛心。一代聖人們尚且如此，作為普通人的大眾更應當將謙遜二字深記心中。

2・凡人多望子孫為大官，余不願為大官，但願為讀書明理之君子。

▌ 翻譯

（世間）凡人多希望自己的子孫能夠做大官，而我不願。我只願他們能夠讀書明理，成為聖賢君子。

▌ 點評

本句摘自曾國藩的書信〈咸豐六年九月二十九日諭紀澤〉。讀書明理做君子，是曾國藩為學之道的核心。

曾國藩推崇虛心求學，「明理」中的「理」即天理和人的本性，

即倫理道德，儒家所說的「禮」，明白了「理」便距離聖賢不遠了，就相當於把人做好了，這時不求發財，財運會自然而來，不求做官，官運亦自然而來。為學與為人不可分割的，故說「為人與為學並進」。

曾國藩曾在一封書信中談到為侄兒考試取得了第一名而高興，家裡出了秀才，就有了讀書的種子，禮義就能在曾家世代相傳。曾國藩不指望他日後能夠高官厚祿，富貴無比，而是希望他能多懂一點聖賢的道理。如果天天讀書，明曉聖賢之道，那麼，即便是名落孫山又有什麼要緊的呢。由此可見，讀書明理，志在聖賢，成就經世之才是曾國藩為學的目的所在，而並非為了高官厚祿。

曾國藩從不以學歷看人，而以學識看人。他認為成為聖賢並非遙不可及，告誡大家要做真正的讀書人，而不是把精力放在所謂的科舉考試上，進一步說，就是要在生活實踐中，以儒家的倫理道德來要求自己，以教導聖賢的方法指導自己的生活，如此才能做到虛心求學，成就經世之才，逐漸趨於聖賢的境界。

3 · 君子大過人處，只在虛心而已。

▌翻譯
君子超越一般人的地方，僅在於虛心而已。

▌點評

本句摘自曾國藩的書信〈同治二年七月二十一日致沅弟〉。曾國藩的胸襟廣大，向來責己寬人，將謙和的態度用在了與人相處、選才用人、教子等方面。

年輕時的曾國藩曾在「自大」上吃過虧。咸豐初年，曾國藩在長沙辦團練，由於缺乏管人經驗，動輒指責別人，與別人的關係弄得很僵。他後來雖在官場的明爭暗鬥中挽回了一些顏面，但傷害了不少官僚，給自己設置了無形的障礙。

咸豐七年，曾國藩在家守制，經過反覆思慮與反省，真正悟出了關於「謙」的一些道理：「歷觀名公巨卿，多以長傲、多言二端而敗家喪生。天下古今之才人，皆以一傲字致敗；天下古今之庸人，皆以一惰字致敗。」自此，曾國藩謹記謙虛二字，終於獲得世人的敬重。

從古至今，先哲們對謙虛都是抱有肯定態度的。《易經》裡曾談道：「滿招損，謙受益。」；《老子》裡也有云：「江海所以能成百穀王者，以其善下之。」由此可見，謙虛是多麼重要！

曾國藩在晚年時曾總結自己的為官之道，並將「傲慢」看作是致禍的原因。他認為做官的人傲慢，輕則會使自己的職位不保，重則會給自己引來殺身之禍。傲慢極易使人自視甚高，處理不好與周圍人的關係，使自己陷入危險境地。

曾國藩認為：「吾家方豐盈之際，應時時自惕、自概。」意思是越是富貴之時，越要謹慎與警惕，所以，人們應「常存冰淵惴惴之心」。從曾國藩的一生也可以看出，他的成功與謙虛也是分不開的，正因為謙虛，才在後世博得了如此之多的美名。

4・謀事貴於謙下，宜常存己不如人之心。

▌ 翻譯

謀劃事情最可貴的地方在於對下屬要謙遜，應常保有自己不如他人的心態。

▌ 點評

本句摘自曾國藩的書信〈同治五年四月十九日復李昭慶〉。曾國藩在這封信裡寫道：「大凡打仗最可貴的地方是在於有自立精神，不可存有依賴別人之心，這樣易使將士們滋生懈怠之氣；謀劃事情最可貴的地方在於要用謙遜的態度對待下屬，常保持不如別人的心態，使友軍樂於親近自己。這兩點看起似乎相反，實則相輔相成，就是對本部將領，也應不恥下問……」

因為謙虛，才能為學新東西騰出足夠大的地方，使自己不斷進步。為了培養李昭慶，曾國藩可謂付出了不少，他經常寫對其多加指點，望其提高自身修養。

龍夢蓀在《曾文正公字案》裡談及：「曾國藩作為近代史上有名的人物，品德修養和事業學問都取得巨大成就，可以稱得上光耀宇宙，即使是婦人小孩也欽佩他。他是如何取得這麼巨大的成就呢彝我曾讀過他遺留下的集子，反覆研讀，才找到他的成功所在，全都是從他品性的強毅、謙謹而來……」，正是因為曾國藩不敢恃才傲物，在為人處事方面小心翼翼，精益求精，才造就其後的豐功偉績。

三

勤學研讀，求其甚解

1 · 若事勤思善問，何患不一日千里。

▌ 翻譯

如果你都能做到對每件事勤於思考，善於多問，還怕沒有一天會有千里的進步嗎？

▌ 點評

本句摘自曾國藩的書信〈道光二十五年二月初一日致諸弟〉。曾國藩的弟弟王五勤學好問，善思考，曾國藩在回信中對其虛心求學的態度大大稱讚了一番，並說：「如果每一件事你都能這樣勤於研讀和思考，將來何愁沒有大的進步？」

孔子說「學而不思則罔。」一個人在學習上，只會死記硬背，而不會加以思考和消化，那麼他即便是學得再多也毫無收穫。一個人的學習和認識過程，並不是一次就可以完成的，而是要經過很多次，才能逐漸邁向真理。只有學會不斷地追問其中的原因，才會有所發現和進步。

一五六二年，《農政要書》的作者徐光啟出生在一個很貧困的家庭，其父博識強記，懂陰陽、星相、醫術、二氏之書等；其母是個地地道道的農民，勤勞有加，早暮紡績，寒暑不輟。父母的博學與勤奮給了他很大的影響。

一五九七年，徐光啟成為了一名舉人，一六〇四年春，他考中進士。他勤於思考，善於多問，之後編寫的《農政要書》引用了兩百多種古代文獻，引經據典，例證可靠，實用性極強，這本書後來成為了經典之作，也使他的名字留在了史冊上。由此可見，一個真正會學習的人，必然是一個勤學苦讀，善於思考的人。

王夫之曾說過：「學非有礙於思，而學愈博則思愈遠；思正有功於學，而思之困則學必勤。」學習與思考本是相互促進的。學習是思考的基礎，思考是學習的補充。如果是學而不去思考，那麼充其量只能停留在前人的階段，無法超於他們，如此世界便不會進步。

因此，人們應該努力培養自己的思考能力，在學習中學會思考，在思考中提出問題，提出獨到的見解，以適應現代競爭激烈的社會。

2・看漢書有兩種難處，必先通於小學、訓詁之書，而後能識其假借奇字；必先習於古文辭章之學，而後能讀其奇篇奧句。

█ 翻譯

讀《漢書》有兩處較難，一定要先弄懂小學、訓詁類的書籍，才

可以明白其中的假借奇字；學習古文，先要弄懂和領會其辭章的大意，然後才可讀懂它深奧難懂的道理。

▍點評

本句摘自曾國藩的書信〈咸豐六年十一月初五日諭紀澤〉，曾國藩在信中談及，對小學、古文都還沒有入門的話，那麼《漢書》中一定有不認識的字或不能解釋的句子。若要弄懂小學，必須看看段氏《經籍纂詁》、《說文》這兩本書；若要懂得古文，必須要大略看看《文選》、姚姬傳的《古文辭類纂》等書。

要讀出一篇文章的要義，除了勤學苦讀以外，還必須在讀書方法上下功夫，方法之一便是「循序而漸進」。曾國藩說：「字求其訓，句索其旨，未得乎前，則不敢求其後，未通乎此，則不敢志乎彼，如是循序漸進則意定明理，而無疏易淩躐之患矣。」也就是說要一字一字地弄清楚它們的含義，一句一句地弄明白它們的道理。如果對前面的內容還沒有搞懂，就不要著急看後面的，這樣就不會有疏漏的錯誤。

對於閱讀，古人總結了不少方法：第一，抓文章的主要句子，或一些文章的開頭、結尾或過渡句等，這些句子對整篇文章的中心起到了畫龍點睛的作用，讀懂了後就能理解文章大意；第二，讀懂題目，題目是整篇文章的眼睛，可以讀出文章的主旨；第三，分析文章重點的材料，對文章中相關的事例和典故進行思考，再結合文章就能夠讀懂整個文章的含義；還有就是抓住文章中精彩或離奇的部分，從中得到啟發，領會其中的內涵。這樣子讀下來，豈能讀不懂一本好書？

3. 爾欲作五古七古，須熟讀五古七古各數十篇，先之以高聲朗誦，以昌其氣；繼之以密詠恬吟，以玩其味。

▌ 翻譯

你若想成功做出一首五言詩和七言詩，先得熟讀數十篇五言詩和七言詩，要先高聲朗誦，感受其氣勢；接著再細細品味研讀和體會其中的內涵。

▌ 點評

本句摘自曾國藩的書信〈咸豐八年八月二十日諭紀澤〉，曾國藩認為學習不但要鑽研難懂的地方，而且還要懂得做學問的竅門。

正如他說：「凡讀書有難解者，不必遽求甚解；有一字不能記者，不必苦求強記。只須從容涵詠，今日看幾遍，明日看幾遍，久久自然有益。」意思是說凡是讀書有難懂的地方，不要希望一下子就把它弄懂；有一個字記不下來，不要苦苦強求把它記下來，而是要從容應對，今天看幾篇，明天看幾篇，時間一久，自然就記住了。

曾國藩雖是中國歷史上頗具影響的人物之一，但小時候的天賦卻並不高。有個故事是這樣的，一天夜裡十點多鐘，曾國藩在家讀書時，一個小偷潛伏在屋頂上，想等他睡去了再去偷東西，可等啊等，一直未等到。曾國藩坐在那裡不斷地讀同一篇文章，一直沒背下來。小偷等了足足兩個小時後，等不下去了，便跳進屋裡氣憤地說：「就你這種水準，還讀什麼讀？」然後將那篇文章隻字不漏地背誦了一遍，揚長而去。

從這個故事可以看出，曾國藩的學習天分很普通，甚至不如一個普通的小偷，但他日後卻通過勤奮努力掌握了讀書方法，比如做五言詩與七言詩的方法等，使自己在學問上取得了不小的成就。

偉大的成功和辛勤苦讀付出是成正比的，一分勤學就有一分收穫，但凡偉大的成功者，無一不是通過孜孜不斷的苦讀和刻苦鑽研學習方法而獲得的。

曾國藩的家族世代為農民，直到他的祖父曾玉屏一輩時，這個家族才認識到了學習的重要性，後來制定了不少家規，其中，就將讀書定為首要的一條。其父親曾麟書的一生都發奮苦讀，曾國藩從小耳濡目染，堅決貫徹家族的家規，深受父親的影響，終成為極有才學之人。

四

腳踏實地，終有所得

1・學問之道無窮，而總以有恆為主。

▌翻譯

學海無涯，是沒有盡頭的，腳踏實地去學，有恆心最為主要。

▌點評

本句摘自曾國藩的書信〈道光二十四年十一月二十一日致諸弟〉。

「蓋世人讀書，第一要有志，第二要有識，第三要有恆」。曾國藩認為但凡世上的人讀書，第一要有志向，第二要有見識，第三要有恆心，且以恆心最為主要。

曾國藩認為有志向的人不會甘心停滯不前；有見識的人不敢自滿，從來不會做出像井蛙觀天之類的舉動；有恆心的人能成大器，恆心是一個人成就大事的基礎。志向是前進的動力，在他看來，一個人如果沒有志向，就不可能有明確的目標。

「古人書籍浩如煙海，人生目光所能及者，不過九牛之一毛

耳。」他認為「有識才的人不敢以一得而自足」，因此，「知書籍之多而吾所見者寡，則不敢認一得自喜。」他強調要「有識」先做到虛心，有恆則斷無不成之事。

所謂有恆，就是要腳踏實地，年年月月日日如此。曾國藩一生勤於讀書，宦海戎馬倥傯後，仍每日讀史，以楷書寫日記等，這種堅持不懈的精神獲得了不少人的欽佩。

道光二十年至二十七年，曾國藩一直在翰林院就職。翰林院是讀書的好地方，在此期間，他從文學、軍事、歷史等各方面來提高和充實自己的學問。由此可見，有志氣的人絕不甘心老處於下游，有見識的人則明白學無止境，不自滿自足。對於現代人的工作和學習來說亦是如此，「只要功夫深，鐵杵磨成針」，有了持之以恆的精神就不怕成不了才，不怕不能成功。

2・勵志以廣之，苦學以踐之，才力無不日長者。才力之增，亦在乎漸而已矣。

▌ 翻譯

積極磨練自己的意志，使自己的才能得到擴展，在勤奮學習的過程中實踐自己的才能，才能自己的學識隨著歲月的增長得到不斷地增加。一個人的才能和見識的增長，是需要日積月累的。

■ 點評

本句摘自曾國藩的書信〈咸豐十一年五月十五日復吳延華〉，除上述以外，曾國藩還在書信中說，一個人不要因為自己的才能不足而感到慚愧，雖然有些人的才智始於天賦，但也不值得沾沾自喜，只有靠自己磨礪出來的才能才靠得住。

曾國藩說：「水之漸也，盈科而進；木之漸也，積時而高。」河水慢慢地充盈低窪之地，才使河水向前流，草木莊稼因時間的積纍而漸漸長高，才能變得成熟。只有腳踏實地，才能終有所得。

在晚清重臣之中，曾國藩沒有強大的靠山和資本。家族中無一人為官，全靠自己苦讀，考了三次才中了一個三甲進士。但他後來堅持不解地努力，不斷地上進、苦讀，鞭策自己、提醒自己，終在學問上取得了不小的成就，還做到了高官，原因正如他說的那樣「勵志以廣之，苦學以踐之，才力無不日長者。才力之增，亦在乎漸而已矣」。

荀子〈勸學篇〉裡有云：「學不可以已。」郭沫若也曾說過：「讀不在三更五鼓，功只怕一曝十寒。」在學習道路上是沒有捷徑的，只有擁有一顆堅定不移的恆心，才能慢慢走向成功。曾國藩始終保持著學習的內在動力，自重、自省、自勵，不為小功而止步，不會被外界干擾而分心，更不為一時挫敗而動搖，才使他成為了才德兼備的晚清重臣。

3・人生唯有常是第一美德。近日朝朝摹寫，久不間斷，遂覺月異而歲不同。

▊ 翻譯

人生中只有「常」是第一美德。近日來，我天天都在摹寫，從沒有間斷過，就覺得每天都有新的感悟和進步。

▊ 點評

本句摘自曾國藩的書信〈同治元年四月初四日論紀澤〉。他在書信中提到，讀書不要有鬆懈之心，這是做學問取得進步的關鍵因素。他認為，不管一個人的年齡大還是小，要做的是簡單的還是難的事，只要能夠腳踏實地，持之以恆地用心去付出，那麼，每天都能有一點點的進步。

只有常常讀書，做到不間斷，才能有所成就和進步，正如他說人生只有「常」是第一美德，否則三天打魚，兩天曬網，最終只能是浪費時間，徒耗精力，一事無成。在讀書的過程當中，有時會遇到挫折，進展很慢等情況，對此，曾國藩認為「每日有常，自有佳境」，只要認定目標，努力前進不得後退，總有一天，目標就會在堅持中實現。

宋代朱熹說：書要反覆讀，要經常溫習。毛澤東一生多次讀《水滸傳》、《三國演義》、《紅樓夢》、《西遊記》，讀後每次都有新的收穫；明清時期著名的學者顧炎武，他每年都能抽出三個月的時間

來復習讀過的書，用剩餘的時間來讀新書等。孔子曰：「士志於道，而恥惡衣惡食者，未足與議也。」是說讀書的人要立志追求真理和道義，而不為世俗的衣物、山珍海味而動搖其心。「力不足者，中道而廢，今汝畫」這句是指那些在學習問題上認為自己能力不足，中途停下不再繼續努力的人，實際上並不是能力不足，而是畫地自限不願意堅持的緣故。追求學問是個艱難的過程，只有發奮圖強，迎難而上才能有所成就。

蘇洵在青少年時不認真，三十歲時才開始發奮讀書，屢次進京考試不中，一怒之下燒掉了自己為應考而準備的數百篇文章，而後閉門繼續苦讀，終成唐宋八大家之一。楚莊王每年都堅持讀書，每天都堅持改變自己，「三年不鳴，一鳴驚人；三年不飛，一飛衝天」終成一代霸主。人們讀書時只有保持「常」的狀態，使自己日益進步，才能取得學業上的成就。

五

求新求變，漸入佳境

1・文章之雄奇，其精處在行氣，其粗處全在造句選字也。

▌ 翻譯

文章的雄奇關鍵在於行氣，而行氣又要靠造句選字的功夫來體現。

▌ 點評

本句摘自曾國藩的書信〈咸豐十一年正月初四日諭紀澤〉。「雄奇以行氣為上，造句次之，選字又次之，然未有字不古雅而句能古雅，句不古雅而氣能古雅者；亦未有字不雄奇而句能雄奇，句不雄奇而氣能雄奇者。……」在信中，曾國藩闡述了文章的雄奇之道，認為一篇好的文章的行氣是最為主要，其次是造句和選字。選句和選字上有很大的講究，如句子不雄奇則文章的行氣則很難做到雄奇，選字不雄奇則句子很難做到雄奇等。

雄奇，是指詩文或文章的語言風格雄壯，氣勢蓬勃，獨特奇險。要做到這些，不但需要腳踏實地去求學，還需在求學的過程去不斷創新，求新求變，才能寫出行氣順暢、雄奇傲骨的文章。

文章之雄壯並不是指氣魄大或虛張聲勢，如明代前期某些倣古派詩人聲嘶力竭地去高唱，顯然不是雄奇之風。盧仝的〈月蝕〉也算不上構思奇特，因為這樣的文章雖氣勢磅　，想像空間大，但離奇玄虛，晦澀難懂，結構不嚴謹，且缺少詩意。

　　「雄奇」之「奇」字要用「雄」字來襯托，才沒有一絲矯揉造作勉強的意思。雄奇可體現作者的胸襟，如李白的詩句「黃河西來決崑崙，咆哮萬里觸龍門」。詩中的河水奔騰不息，萬里滔滔，突破了崑崙高峰，敢於和龍門天險相拼搏，如「來」、「決」、「咆哮」、「觸」這些字不僅富有蓬勃壯大的雄偉之勢，還體現出了詩人一往無前朝氣蓬勃的生命力及黃河的雄奇本質。

　　雄奇在求變中得來，又回到其本質當中去，是文章的壯闊意境與作者精神的融合，是筆力的遒勁和誇張手法的一種求新。歸根結底，雄奇應以自然為本求變化的高度，讓文章的語言顯得更加奔放自然和遒勁。

2・爾詩胎息近骨，用字亦皆得當。

▌翻譯

　　詩文立意須超凡脫俗，可見脫胎換骨的氣息，在用字上也要極為恰當。

▊ 點評

本句摘自曾國藩的書信〈同治元年十一月初四日諭紀澤〉，曾國藩在這封書信中還說古詩之中，數四言詩最難寫得有光芒。

他提起《孟子》的作品，認為其雅氣有餘，精氣光芒不足，又說起揚子雲的〈百官箴〉、〈州箴〉等四言詩，也缺乏光芒，有刻意傲古之嫌。他一生最喜歡韓愈的作品，如〈祭張署文〉、〈進學解〉等，不但寫得光芒四射，還能如春雷般響亮貫耳。

在信中，曾國藩不僅強調了閱讀文章要領會其中深刻的含義，更重要的是要達到一種超凡脫俗的境界，歐陽修苦讀韓愈的文章，但其所做作品又超過了韓愈。究其原因，是因為他領會了韓愈文章中的精髓，並能學以致用，融會貫通，將其嫁接到自己的詩文中。

另外，讀書學習並不是目的，而是為了運用，就好比為蠶養桑，並非為桑，以桑飯蠶，也並非是為蠶一樣。孔子曾說過：「讀了《詩經》三百遍，叫他去處理政務卻也行不通，派他去出使外國也不能獨當一面，讀書雖多又有什麼用呢？」讀書的最終目的是學以致用，否則就白學了。

如果一個人讀書不能讀出新意，做文章不能見脫胎換骨的氣息，那麼也只能是在那笑傲山林罷了，即便是有高潔的名聲也恐怕是徒勞了。

3 · 至於純屬文字，極力揣摩固屬切實工夫，然少年文字，總貴氣象崢嶸，東坡所謂蓬蓬勃勃如釜上氣。

▌ 翻譯

對於（自己）已經純熟的文字，用心揣摩固然合乎實際需求，但年少時寫出的文章應當求新求變，以氣象崢嶸為貴，正如蘇東坡所說，如同熱鍋上的蒸汽，激情澎湃。

▌ 點評

本句摘自曾國藩的書信〈同治四年七月初三日諭紀澤、紀鴻〉。曾國藩在信中告誡紀澤、紀鴻兩兒：「爾當兼在氣勢上用功，無徒在揣摩上用功。」不要只是局限於用心揣摩句子和文字較為瑣碎的地方，應當多在文章的氣勢上下功夫，寫出的文章才能逐漸變得有新意，有氣度。

「氣」是文章形成風格的內在根據，是作家創作的根基。《孟子》有「吾養吾浩然之氣」之說，「文以氣為主」的重要論述；《文心雕龍》中的〈養氣〉、〈風骨〉等篇都對氣作了詳細的闡述，而曾國藩亦推崇文章氣象豪邁之風格，特別注重文章的新意和氣度。文章之氣是它的「魂」，只有氣勢高、氣象飽滿的文章才稱得上是好文章。

正所謂「文如其人」，一個人的文章風格不但可以反映出其思想境界，還可以反映出其為人處事的修養和態度。韓愈乃唐宋八大家之首，從他的文章中，可以看出他不入俗流的文字與思想。

曾國藩的文章在講求氣勢、新意的同時，同樣強調性情，反應現實，富於愛國主義精神，富於崇高的民族氣節，文學史家們因而將他稱為桐城學派的中興之主。

　　現代人做文章更應該在承繼前人理論的基礎上，在社會中親身實踐，順應時代的變化和需求，創出屬於自己的文學風格，寫出具有崢嶸氣象的文章。

對己嚴苛，刻苦努力

1・作詩文是爾之所短，即宜從短處痛下功夫。

■ 翻譯

作詩寫文章是你的弱點，（你）應當在這個弱點上多下功夫。

■ 點評

本句摘自曾國藩的書信〈咸豐十一年正月十四日諭紀澤〉。曾國藩在信中對紀澤進行了深切的教導：「爾寫字筆力太弱，以後即常摩柳帖亦好。臨以求其神氣，摹以仿其間架。」他認為紀澤在用筆力度方面不夠，建議他今後常常臨摹柳帖，還提及臨帖的關鍵點在於學它的神氣，及注意觀察它的間架結構。

「看書寫字爾之所長，即宜拓而充之。」看書寫字雖是你擅長的，但也不可鬆懈，要有所拓寬和發揚，並繼續做到精益求精，又談及走路應當穩當，說話應當謹慎小心，這些要常常記在心中等。曾國藩嚴格要求下一代，同時也要求他的下一代能夠嚴格要求他們自己。

三國時期的大將軍呂蒙，在戰場上英勇無比，奮勇殺敵，為東吳

曾立下了汗馬功勞，權傾東吳朝野。但唯一的缺點就是不喜歡讀書，缺乏應有的知識。孫權見狀，便勸慰呂蒙說：「你現在身居要職，應當多讀書以獲得進步」。呂蒙說：「軍中公務繁忙，恐怕沒有時間讀書。」要知道，呂蒙可是個地地道道的武將。

孫權沒有放棄，接著勸道：「我只是讓你多看些書，多瞭解瞭解古代的歷史，以增加自己的學識，而並非讓你熟讀經書。難道與我相比，你比我需要處理的國事的更多嗎？我年輕時讀過《詩經》、《東觀漢記》《尚書》、《左傳》等，執政後又研究過各家的兵法，《漢書》、《史記》等，受到過很大的啟發。在我看來你聰明無比，如果學習定會收穫頗大，怎麼能說沒時間呢？孫子曾說：『整天不吃，整天不睡地空想，沒有好處，還不如去學習。』東漢時期，光武帝身負只會千軍萬馬的重任，仍手不釋卷。你為什麼偏偏不能勉勵自己呢？」

聽君一席話，勝讀十年書。呂蒙頓時之間茅塞頓開，從此開始認真讀書學習，後來就連之前超過他的老儒生，都趕不上他了。人不怕在某一方面有短處，就怕不嚴格要求自己，在某些短處下功夫，會距離成功越來越近，對身邊的人也能產生良性影響。

2· 一面細讀，一面抄記，一面作文，以仿傚之。凡奇僻之字，雅故之訓，不手抄則不能記，不摹仿則不慣用。

■ **翻譯**

一邊細讀，一邊做筆記，一邊寫文章，這樣就能夠達到模仿的目的。凡是奇癖的字，或深奧難懂的解釋，如果不用手抄就很難記住，不模仿就很難運用到自己的文章中。

■ 點評

本句摘自曾國藩的書信〈同治元年五月十四日諭紀澤〉。曾國藩認為做任何事情都要有榜樣，都要去模仿，榜樣力量不但能給自己提供行之有效的方法，而且能為自己樹立起一個遠大的目標。因此，他教育紀澤要善於向韓愈、司馬遷等人學習。

他建議紀澤臨摹就是最好的例證，只要努力下功夫去做，肯定能「青出於藍，而勝於藍」。王羲之七歲開始練習書法，對練習書法很是著迷，很多時候，無論是走路還是坐著，都手指不停地在衣襟上比劃著字，時間長了，就連自己的衣襟都劃破了。他崇拜東漢時期的書法家張芝，為了能像他一樣在書法上能有所造詣，王羲之一邊熟讀他的書法論著，一邊遊歷祖國的名山大川，久而久之便形成了自己獨特的風格。由於他每天都要到家門前的池塘裡洗刷筆硯，時間久了，池塘的水也被染成了深黑色，「墨池」因此而得名。王羲之後來成為了東晉時期著名的書法家，被人尊稱為「書聖」。

由此可見，善於學習前人的經驗學識，才能獲得更大的學識，獲得更大的認知。人們通過學習古代先賢們的學識和思想，刻苦努力，才能不斷提升，最後學有所成。

七

學會讀書，不斷提升

1 ‧ 買書不可不多，而看書不可不知所擇。

▌翻譯

多買書多看書，但在買書和看書的過程當中，一定要學會有所選擇。

▌點評

本句摘自曾國藩的書信〈咸豐九年四月二十一日諭紀澤〉。他在書信中告誡澤兒，一定要多買書多讀書，但也要做好選擇。他在書信中舉例說，韓退之欽佩的書也不過幾種而已，如《易》、《書》、《詩》、《春秋左傳》、《莊子》、《離騷》、《史記》和子雲、相如的書；柳子厚是個博學的人，然而他所看過的書卻也不多，僅有《易》、《書》、《詩》、《春秋》、《禮》，以及《離騷》、《史記》、《國語》等，可見擇書之重要。

毛澤東最愛的一本書《容齋隨筆》，儘管多次閱讀過，可直到去世前還曾要求再看這本書。出身於官宦世家的王每，在童年時讀到朱子遺書時，就對旁人說：「學習更重要的是學習做人，而不單單是填

詞作文。」他認為古人之書是智慧的結晶，許多古人就是因為在書中受到了啟迪而成為了聖人，但後人卻「昏於書」，如果久讀，就會使人「神氣」沉淪，成為「昏昏者」因而，他後來還提出了讀書時要「審擇」，對書籍要有所「辨偽」的觀點。

曾國藩所說的買書不可不多，看書不可不擇之觀點，對現代人來說可謂意義重大。古代人在教育孩子的時候，會經常叮囑「擇要而讀」。因為人的精力有限，只能挑選重點的文章來讀，而不能將什麼文章都拿來熟讀。這個道理對現代人的工作、事業等來說也一樣，應當選擇一些有幫助和指導作用的書來讀，而不是漫無目的地濫讀。

2・凡看書只宜看一種，一種未畢而另換一種，則無恆之弊，終無一成。

▌翻譯

凡看書應當只看一種，一種沒看完就想看另外一種，則犯了無恆的大忌，終會一種也看不懂。

▌點評

本句摘自曾國藩的書信〈咸豐九年五月二十一日致易良翰〉，曾國藩認為凡是看書只宜看一種，這樣才能深入進去，做出真正的學問。

曾國藩非常贊同荀子和莊子的一些說法，如莊子的「用志不紛、

乃凝於神」，荀子的「耳不兩聽則聰，目不兩視而明」等句，將其奉為至理名言，當成自己的座右銘。

曾國藩剛剛考中進士時，就貪多求快，結果在學業上的進度反而比自己預想的要慢了很多，這時，好友吳嘉賓對他提出了中肯的批評：「用功譬如掘井，與其多掘數井而皆不及泉，何若老守一井，力求及泉而用之不竭乎！」

曾國藩做了深刻檢討和總結：「凡事皆貴專。求師不專，則受益也不入；求友不專，則博愛而不親。心有所專宗，而博觀他途以擴其識，亦無不可。無所專宗，而見異思遷，此眩彼奪，則大不可。」從此，他仿傚朱熹和蘇軾，讀書治學有選擇，集中精力，嚴格要求自己唯讀一種書，這就好比掘井一樣，只要專心就能及泉，他把這種苛嚴讀一種書的辦法叫做「專」字訣。

曾國藩在做人和做事上也講求「專」字訣，主張做人之道應嚴格效傚古人的君子作風，以聖賢為自己的榜樣，專心一意去學習，一言一行都照著聖賢的標準去做，如此才能獲得較大的進步。

3・本根之書，猶山之幹龍也，編集者猶枝龍護砂也。閣下如購書，望多買經史，少買後人編集之書為要。

■ 翻譯

本根之書，就像是山的主脈，編集之書，就像是山的支脈。如果你買書的話，希望你多買經史典籍少買後人編集之書。

▋ 點評

本句摘自曾國藩的書信〈咸豐十年四月二十六日復李續宜〉。曾國藩認為，不是什麼書都應當花大把時間去讀，但讀書人的使命是繼承前人的文化傳統和精髓，因此要選擇閱讀「本根之書」。

曾國藩所說的「本根之書」，是指經、史、子、集，細說就是《十三經》、《廿四史》、《通鑒》、《十子》、《文選》、《三百家》及唐宋以來專集數十家。

「本根之書」意指文化的根本、根源之經典書。比如你四處找尋好的的詩集，一口氣讀了不少詩，不如先讀一下被譽為經典的《詩經》、《楚辭》，以及唐詩宋詞等；你與其不停地讀不少優秀的評論文章，不如多花時間讀一下先秦諸子、唐宋八大家的文章；與其花不少精力與時間讀粗製濫造的長篇小說，不如先讀讀中國的古典名著。「本根之書」還可稱為「本源之書」，對此類書多下苦功，必然能得到很大的收穫。

叔本華也說過：「你要常讀古書，讀古人的原書，今人論述他的話，沒有多大意義。」多讀「本根之書」後，再讀現代人寫的書，對其中的思想與觀點會有另一番領悟，更深刻、更清晰，能舉一反三，理解得更為透徹。

4• 欲著字之古，宜研究《爾雅》、《說文》、小學、訓詁之書；欲造句之古，宜倣倣《漢書》、《文選》；欲分段之古，宜熟讀班、馬、韓、歐之作。

▌ 翻譯

要下筆得到字的古意，應當研究《爾雅》、《說文》、小學、訓詁方面的書；要得到造句的古意，應倣仿《漢書》、《文選》；要得到分段的古意，應熟讀班固、司馬遷、韓愈、歐陽修的作品。

▌ 點評

本句摘自曾國藩的書信〈咸豐十一年三月十一日復許振褘〉。曾國藩在書信中還說要得到謀篇的古意，應當遍看群經、諸子，以及近代名家之文等，它們各有匠心，各成章法，各有值得後人學習的特點。

曾國藩的文章受韓愈的影響最大，許振褘在向他請教做古文的方法時，他不僅努力細緻地闡述了古文產生的原因和方法，還說了一下司馬遷、歐陽修、班固、韓愈的成就和貢獻。

臺灣中山大學文學院院長、當代著名評論家和詩人余光中對現代青年詩人的建議是：多學習前人學習。余光中是因不滿意上世紀三〇年代的詩，也不滿意上世紀五〇年代的，所以自己來寫，可怎麼也寫不好，後來他認識到不是自己認為好就是好，而是要大家說好才叫好，便一門心思鑽研苦學，最後終於成名。

他曾對人說，作為詩人，應多讀一點詩，尤其是古人的詩，還要背詩，比如背陸游的詩，「衣上征塵雜酒痕，遠遊無處不消魂，此身合是詩人未？細雨騎驢入劍門」。背完了就會看出好詩是好在哪兒，這些經典技巧之處也就慢慢可以摸索學會了。

謝冕說青年學者要創作，多讀〈鄉愁〉、〈再別康橋〉這樣的一些好詩，包括艾青、戴望舒的詩，甚至多讀一些外國的好詩、中國的古典詩歌，他也認為有了對前人的學習，才可能結合自己的情感體驗創作出最好的作品。

當然，曾國藩所指的向前人學習並不是死學，不然學了還是沒有消化成自己的學問，應該認真去領會前人作品的意義和精神境界是什麼，如同參禪一樣，有時很多含義是不能用言語表達的，而是要靠自悟。在學習的過程中，一定要尊重自己的體會和感受，一切要以理解為前提，如此才能不死學，不斷地前進。

八

擇交是第一要事，
須擇志趣遠大者

——交友篇

與貴人相交，慎擇賢友

1‧求友不專，則博愛而不親。

▌ 翻譯

一個人交友太濫，則容易失之於泛泛之交，朋友也不容易真心對你。

▌ 點評

本句摘自曾國藩的書信〈道光二十四年正月二十六日致諸弟〉。曾國藩在信中對弟弟們指出：「凡事皆貴專，求師不專，則受益也不入；求友不專，則博愛則不親。」他囑咐弟弟們做事要專注，萬不可見異思遷，交友更應慎重，宜選擇品性賢良的朋友交往。

曾國藩的這封信主要是講求師求友的要義，這句話的重點則是交友之道。其中的「專」字，可從兩個方面來理解：其一，交友貴「精」不貴「多」，不可一味追求朋友的數量；其二，交友貴交心，注重與朋友間交往的親密程度。

一個人如果交友太多，往往會陷入熱衷於交友數量的誤區，雖然

表面看似朋友滿天下，但真正談得來的卻沒有幾個，更不用說禍福與共、同甘共苦了。也正因交友太多，就會導致無法集中精力與朋友進行深入交流，無暇專注經營友情。

朋友是好是壞，其實是很難分辨的。因此，交友一定要慎重。求友並沒有什麼訣竅可言，唯有多留心，察其言，觀其行，分辨出朋友是不是真心對你，才能交到真正的朋友。

曾國藩閱歷極深，對朋友間的交往有頗深的體驗和感觸，因此才會諄諄教導兄弟們，在對待交友這件事情上，一定要慎重，以免得到了危難時刻，才發現那些所謂的「朋友」早已各自散去，遍尋不見了。

曾國藩的這番話放在今天來看仍有非常現實的借鑒意義，與我們常說的「人生得一知己足矣」有著異曲同工之妙。

2・不輕進人，不妄親人。

▌翻譯
不輕率地與人親近，不隨便與人熱絡。

▌點評
本句摘自曾國藩的書信〈咸豐十年七月十五日致沅弟〉。原句是：「不輕進人，即異日不輕退人之本，不妄親人，即異日不妄疏人之本。」曾國藩的九弟曾國荃當時身居要職，與人交往時「疏疏落

落」，不過分親熱，也不過分疏遠，而是在不冷不熱、不遠不近之間的一種「君子之交」。曾國藩對弟弟在與人交往時的這種「敬而遠之」、不與人格外親近表示贊同。

人際交往中有一個「安全距離」，因為每個人都有自己的私人空間，所以過分親近容易侵犯到他人隱私，破壞了「安全距離」，使人產生不安等情緒，也容易破壞朋友間的情誼。保持距離其實也體現了朋友間交往時一種尊重與被尊重。因此，人與人的交往中應該講究一個「度」字，所謂過猶不及，不應該過分親近，過分熱情，以免他日稍有不慎，會產生嫌隙，反而比陌生人還要疏遠。

曾國藩非常重視人際交往，也深諳交往中的親疏遠近之道。他久居官場，深知人際交往中關係的微妙，因此也告誡兄弟要時刻注意交往距離。唯有慎重對待交友之道，才能與朋友保持良好而長久的關係，與我們常說的「君子之交淡如水」是相同的道理。

3 • 擇交是第一大事，須擇志趣遠大者。

▌ 翻譯
選擇朋友是第一大事，一定要選擇志趣遠大的人來交往。

▌ 點評
本句摘自曾國藩的書信〈同治三年七月二十四日諭紀鴻〉。曾國藩自己非常善於「擇交」，他與朋友互相砥礪，受益良多，便非常清

楚擇友的重要性，他經常教導自己的兄弟子侄，要他們多交良友。因而，他對兒子囑咐道：「擇交是第一大事，須擇志趣遠大者」。

人們常說「觀其友可知其人」，意思是說，想知道一個人怎麼樣，只要看他交的是什麼樣的朋友就可以了；坊間也有俚語「跟著好人做好事，跟著壞人學做賊」，可見「擇交」對一個人聲譽的影響之大。

每個人都需要朋友，但一旦誤交「損友」，就如同放了一枚定時炸彈在自己身邊，輕則名譽受損，事業無成，重則有性命之憂。交朋友時最重要的原則是一個「擇」字。二千五百年前，大教育家孔子曾提出過「益者三友，損者三友」的「辨友原則」：「友直、友諒、友多聞」的是「益友」；而「友便辟、友善柔、友便佞」的是「損友」。

曾國藩自己在擇交方面非常審慎。他交友很廣，但他一旦發現自己所交往的人品行低劣，就會毫不猶豫地「與之決裂」。由於其「善擇交」，因此在事業獲得了巨大的成功，成為清朝文官中第一個被封侯者。可以說，曾國藩自己就是與「志趣遠大者」結交的「受益者」。

親近良朋，汲取其之優點

1・不可不殷勤親近，親近愈久，獲益愈多。

▌ 翻譯

一定要（與他）多多親近，親近越久，得益越多。

▌ 點評

本句摘自曾國藩的書信〈道光二十五年四月二十四日致諸弟〉，曾國藩在信中教誨四個弟弟，一定要與良友「殷勤親近」，以求取長補短，在其身上「獲益」良多。

曾國藩非常明白榜樣的影響力，他一向對品格高尚的人推崇有加，希望能與這樣的人才多加交往，汲取其優點，增益己所不能。他一生也都在遵守這一原則，這封信中他對弟弟們的反覆叮嚀也是明證。

孔子曾說「與善人居，如入芝蘭之室，久而不聞其香」，說明了交友和環境對一個人品性的影響和作用，最後得出結論「君子必慎其所處」。

我們常說「近朱者赤，近墨者黑」，也是同樣的道理。與道德高尚的好人為友，人格就能在潛移默化中得到薰陶，品性也會因為得到感召而向好的方向發展。馮樹堂是曾國藩非常推崇的一位朋友，他讓弟弟們多向他學習，多與他接觸，多從他身上學習長處，體會到結交良友的好處，也就是曾國藩所說的「親近愈久，獲益愈多」。

2・凡事不可占人半點便宜，不可輕取人財。

▍ 翻譯

無論何事，千萬不可以占別半點便宜，也不可以輕易拿別人給的錢財。

▍ 點評

本句摘自曾國藩的書信〈道光二十七年六月二十六日致諸弟〉。曾國藩再三叮囑弟弟們，千萬不要欠別人的人情，占別人的便宜，更不可以要人錢財，免得欠下人情債，與人糾纏不清。

在朋友間的交往中，不可避免的會涉及到一些人情往來，有些還會涉及到財物的問題。但俗話說，人情是筆債，情債最難還。曾國藩深諳其中利害關係，他在京為官八年，卻從來不肯輕易接受他人恩惠，更不肯占人半點便宜，就是怕以後自己官職更高時候，曾經給過自己恩惠的人有求於自己時，不知道應該如何還人情債。萬一對方所求有悖於自己為人處世的原則，如果堅持原則，則必然會讓對方覺得自己不夠意思；如果順了對方的意，則可能會挑戰了自己的底線，做

出自己不願意做，甚至影響自己事業前途的事情。更何況有些人欲求不滿，即使是滿足了對方一時的願望，也滿足不了對方一再提出的要求。正是基於這種考慮，曾國藩不光對自己嚴格要求，還要求弟弟們不可以占人便宜，就是怕他們招惹下不必要的麻煩。

曾國藩的「不佔便宜」的理論放在現在仍舊適用。在交友時，有些人為了達到某些目的，會施以錢、財、物等等各種誘惑，只能那些能夠拒絕誘惑，無欲則剛的人，才可能會成就一番事業；而喜歡占人便宜的，往往會有麻煩纏身，用一句話可以概括：「出來混，總是要還的」。

3 • 明奉為友，暗師法之。

▌ 翻譯

表面上結為朋友，暗地裡卻向他學習。

▌ 點評

本句摘自曾國藩的書信〈同治七年四月初五日復李光久〉。全句內容為：「慎交則訪求賢者，明奉為友，暗師法之，藉以可檢束身心，擴充識界，受益無窮。」意思是，謹慎交友，應當尋訪賢德之人，表面上結為朋友，暗地裡卻向他學習，藉此來核對總和約束自己的思想和行動，開闊眼界，自然會得到無窮的益處。

古人說「三人行，必有我師」，一個人只有善於從他人身上吸取

知識，學習他人長處，才能更加完善自身修養；而只有一個具備良好的綜合素質的人，才有可能成就一番事業。

李光久是曾國藩的舊部李續賓之子，李續賓死後，曾國藩一直對李光久照顧有加，對他的學業和未來都很關注。同治七年，李光久入京，辦理承襲世職一事，曾國藩得知後，覺得這是他建功立業的一個良機，便寫信囑咐，要他借機尋訪結交朋友，學習他人長處，提升自身的能力，並借機建立自己的人脈關係網。

曾國藩深知，一個要成大事的人，必須要有廣闊的人脈和關係網，而年輕人要建立關係網最便捷的方式便是廣交賢德之友。他對舊部之子的殷勤關切讓人感動，放在現在的生活中，也有非常重要的指導意義。

三

選才有法，識人有道

1·大抵觀人之道，以樸實廉介為質。

▌翻譯

　　大體上觀察一個人的方法，應該將他的樸實、清廉、耿直作為本質。

▌點評

　　本句摘自曾國藩的書信〈咸豐十年七月初二日複方翊元〉。方翊元向曾國藩推薦了自己的弟弟方瀛和武舉人張某，於是曾國藩便給方翊元寫了一封信表達自己的謝意，並且希望方翊元以後能多多推薦人才，但為了不讓這些人成為多餘的冗員，曾國藩在信中向他傳授了觀人之道，「大抵觀人之道，以樸實廉介為質」。

　　曾國藩十分注重一個人的品質，他在《曾胡治兵語·誠實》中提到：「軍營宜多用樸實少心竅之人，則風氣易於淳正。」另外，他在〈咸豐十年七月初八日致沅、季弟〉中也提到：「觀人之法，以有操守而無官氣，多條理而少大言為主。」曾國藩識人很有自己的一套，他講究俯近識人，即接近一個人，再深入瞭解一個人。他每天都會接

見幾位屬下，把自己對屬下的第一印象作為用人的基礎，之後他會對其進行考察，根據群眾的反映來看哪些人可以用，哪些人不可以用。認識一個人需要一個過程，雖然這個過程有些漫長，但是卻能達到非常好的效果。

曾國藩知道，一支軍隊要想決勝千里，士兵及將領的基本素質首先要好，因此他在挑選士兵的時候，下了不少功夫。他的軍隊的大門只為農村裡的樸實、勤勞的年輕小夥開放，將那些在城裡混吃混喝的人杜絕在軍隊大門之外。而且，每一個營的士兵都是老鄉，關係自然會很好，一旦上陣殺敵，士兵就會抱成一團，試問，這樣一支軍隊的戰鬥力怎麼可能會差？

古代的帝王將相的用人方法各不相同。從宋太祖到宋哲宗，把身高當成挑選士兵的標準，行軍打仗需要力氣，而身大力不虧，身高上佔優勢也就意味意戰鬥力強。明代大將戚繼光挑選士兵的方法就是看一個人的膽量及武藝。但是，不管是依照什麼標準來挑選士兵，身高也好，膽量也罷，一定不能忽視了士兵的素質。如果士兵沒有良好的基本素質，即使戰鬥力再強也不足以支撐起整個國家。

目前最為盛行的選擇人才的方法，就是根據自己的需要，按照不同的標準來選擇人才。只是，不管選擇什麼類型的人才，都應該以「以樸實廉介為質」。

2‧目下以求才為第一義。

▌翻譯

眼下總要把尋求人才當成第一要事。

▌點評

本句摘自曾國藩的書信〈咸豐十年七月初七日復李瀚章〉。在信中，曾國藩建議李瀚章要將尋求人才當成眼下最為重要的事，同時他還提議讓胡林翼、左宗棠、郭昆燾、曾國荃等人向李瀚章推薦人才，希望李瀚章視人才的能力大小能給予合適的崗位。

一位高明的領導向來都將重心放在發現人才及舉薦人才上，而曾國藩無疑就是這樣一位高明的領導。在他尚未出山練兵之時，就經常結交各方面的人才，收羅當時的人才信息，像李鴻章、江忠源、陳鼐等人就是他在京擔任官職的時候發現的，之後他之所以能有大的成就也少不了這些人的支持與幫助。就連弟子們外出辦事的時候，曾國藩也不忘提醒他們尋找人才，在回覆李瀚章的信裡面，他強調了「目下以求才為第一義」。

尋求人才不僅要築巢引鳳，更重要的是要有一顆思賢若渴的心。《史記》中記載了這樣一個故事，說周公「一沐三握髮，一飯三吐哺，猶恐失天下之賢」，意思是周公在洗頭髮的時候，恰巧有賢士求見，於是他馬上盤起頭髮，生怕錯過賢能的人，就這樣洗一次髮竟然要往復三次，他在吃飯的時候曾遇到賢士來求見，連忙將尚未下嚥的

食物吐出來，趕緊出去迎接賢士。

中國古代有很多任人唯賢的帝王，唐太宗就是其中之一。唐太宗深知人才的重要性，曾說過：「為政之要，惟在得人，用非其人，必難致治。」

用人首先要下定用才的決心，而不要拘泥於出身、學歷等世俗的偏見，狹隘、自私的心理更是要不得，否則也就沒有人才可以用了。

人才不是憑空長出來的，而是在領導的提拔以及激勵的政策之下慢慢成長起來的。每一個時代有每一個時代的人才，他們決定的不僅僅是國家的發展，還有時代的走向。所以，無論哪一個時代，尋求人才都應被當成第一要事。

3・用人之道，取之欲廣，用之欲慎。

▌翻譯

用人的方法，選擇人才的面的要廣，任用人的時候要謹慎。

▌點評

本句摘自曾國藩的書信〈咸豐十年七月二十四日復李桓、李瀚章〉。他在信中提到牙行釐金之事並不是很旺盛，但如果能夠找到適合的人去經營，就一定會有起色，對此他提出了一個完整的用人思路，即「用人之道，官紳並重，江楚並用，取之欲廣，用之欲慎。」

曾國藩的用人原則是廣收慎用，他手下既有守舊的封建士大夫，也有思想先進的新學人才，各式各樣的人都有，但並非所有人都能得到重用，被打入冷宮的人也不少，但並不是說他們沒有才能，而是他們的才能有些偏，暫時沒有找到適合的機會罷了。

　　其實像曾國藩這樣的用人方法，早已有人使用過了。被稱為「戰國四公子」的魏國信陵君、齊國孟嘗君、趙國平原君以及楚國春申君，他們每人手下都有食客三千，只要有一技之長，就會被收羅其中，到了緊要關頭，即便是那些雞鳴狗盜之徒也能起到非常重要的作用。這樣收羅人才的方法雖然有些極端，但它的成效也是非常顯著的。

　　廣收得到的人才可能不是最好的人才，甚至根本就稱不上是人才，它只是盡可能將優秀的人才網羅到自己的手下。因此，在使用的時候一定要慎重，只有這樣真正的人才方可得到真正的任用。而且，有時僅僅用錯一人，可能就會造成無法挽回的損失。

　　時至今天，曾國藩這種廣收慎用的方法依然在用，而且仍在發揮較為重要的作用。

結識諫友，從中受益

1·雖賢哲難免過差，願諸君讜論忠言，常攻吾短。

■ **翻譯**

就算是聖賢也難免會有差錯，希望各位可以正義直言，常常批評我的錯誤。

■ **點評**

本句為曾國藩的對聯。曾國藩首任兩江總督時，曾為兩江州府衙門大堂親自撰了一聯，整副對聯為：

雖賢哲難免過差，願諸君讜論忠言，常攻吾短；
凡堂屬略同師弟，使僚友行修名立，乃盡我心。

據說曾國藩在兩江總督署新造大小房屋一千一百八十九間，同時在天王府金龍殿基礎上重建了督署大堂，重簷尖頂，泥金彩繪。為了將此聯掛在大堂，曾國藩將對聯連續書寫了六遍，除了他對此聯的重視外，也可以想見他對正義直言的重視程度。

曾國藩對人對己一貫要求嚴格。他在日記中曾這樣寫道：「邵蕙

西面責予數事：一曰慢，謂交友不能久而敬也；二曰自是，謂看詩文多執己見也；三曰偽，謂對人能作幾副面孔也。直哉，吾友！吾日蹈大惡而不知矣。」他表述了敢於直言的人才是自己的真朋友。

常言道：「忠言逆耳利於行，良藥苦口利於病」。朋友有多種，敢於直言指出你不足的才算真正的朋友。曾國藩深知這一點，所以在這副對聯中，在上聯中用到了「倘論」，指的是正直之論，表達了想結交敢於直言的朋友的心情。

真正的朋友像一個良醫，會指出你行為中的弊病，幫你更好地前進。多結交這樣的朋友，才可以時時自省，不斷進步。

2・若日日譽人，人必不重我言矣。

▍翻譯

假如每天都讚揚別人，別人必然不重視我的言論。

▍點評

本句摘自曾國藩的日記〈道光二十二年十月十四日〉。曾國藩在日記中反思，為什麼別人會言不由衷地誇獎自己？想來不過是為了取悅自己而已。如果自己也要如此，為了取悅於人而誇獎別人，就稱不上君子，而與小人無異了。

他因此得出結論：如果自己每次說話都能從事實出發，不欺騙他人，不胡亂說話，久而久之，別人自然知道自己的為人，即使不誇獎

別人，別人也不會怪罪自己，而一旦自己誇獎別人，對方也會對自己的話很重視；但如果自己每天都在讚揚別人，別人也就不再重視自己的言論了。因此欺騙別人也是在欺騙自己，缺少誠信忠義，喪失廉恥之心的行為，全是因為不肯講真話引起的。一定要注意不能言不由衷，曲意奉承。

曾國藩一生最注重的是「誠」字，他不喜歡聽人說假話，拍馬屁，喜歡結交說真話的朋友。其實說真話是相對的，你對別人真，別人才會對你真，也才可能結交到真正有朋友。

因此，想要得到朋友的真話，首先要讓自己真誠起來。敢於對朋友直言相諫，那一旦自己出現問題，朋友才會對自己也直言相諫，大家才能互相督促，共同進步。

3・書曰：「非知之艱，行之維艱。」自此後當以九弟言書諸紳，而刻刻警省。

▌ 翻譯

《書》道：「不是認識事物難，而認識了去實行更難。」自此以後，當以九弟的批評作座右銘，時刻警惕反省。

▌ 點評

本句摘自曾國藩的書信〈道光二十四年八月二十九日致諸弟〉。此前，曾國荃曾與曾國藩討論治家之道，提出他不應該太莊嚴威厲，

使人望著像望神一樣。希望他能夠親切些，能夠樂呵呵的。曾國藩覺得弟弟說得對，因此在回信中提到，自己不但會接受弟弟的批評，以後還會時常反省，並將把弟弟的話當成座祐銘，時時提醒自己。

正如曾國藩所言，一個人要認識事物難，而能夠立即採取行動更難。一個人總會有些小習慣而不自知。曾國藩平時嚴厲慣了，並不知道自己這樣會讓人敬畏而致疏遠，因此弟弟提出來之後，他立即決定改正，同時他也擔心自己會在改正時堅持不下去，便決定把弟弟的話當成座祐銘，時刻提醒自己。

我們也常常會有許多不自覺養成的毛病，比如懶散，拖查，不守時等等，這些毛病我們有的已經意識到卻難以改掉，有的還仍不自知。如果有朋友肯指出我們的毛病，我們會不會也把朋友的話當成座祐銘來堅持，一直把這些小毛病都改正過來呢？

有時候，一個人能否成功，區別僅僅在於，對一件事情能否堅持到底，包括改正自己的錯誤方面。

4 • 弟與希之矜氣，則彼此互規之，北岸當安如泰山矣。

▌ 翻譯

弟弟與希庵之驕矜之氣，要互相制約一下，那麼北岸應當是安如泰山了。

本句摘自曾國藩的書信〈咸豐十年三月二十一日致沅弟〉。當時安徽和江西方面的戰局已經有大半年，一場連綿的大雨使得營牆和前後濠溝都倒塌了，曾國藩知道後深感焦急。當時的主要將領又都有些剛愎自用、矜持驕傲的毛病，這對整個戰局來說非常危險，因此曾國藩希望弟弟能夠與同僚互相約束自己的不良習性，才能更好地幫助主帥，全面控制住局面。

曾國藩欣賞敢於直言相諫的人，對自己和兄弟的要求也是如此。雖然他當時並未在前線，但卻能根據每個人的習性，向弟弟提出建議，希望大家可以互相約制不良習性，以大局為重。其中的「規」就是「互相約制」的意思。

曾國藩清醒地看到弟弟的毛病，並能提出最佳人選來幫弟弟克服毛病，可說是弟弟的「諫友」。在現實生活中，人們也都需要「諫友」的說明，需要依靠朋友的力量，認識到自己的不足並督促自己改正的朋友。人與人之間只有與他人相互取長補短，才能有長足的進步。

5・凡目能見千里而不能自見其睫，每苦於不自見，若不自知。

■ 翻譯

凡屬眼睛，都可以看千里，都不能看見自己。往往糟就糟在自己卻看不見。

▎點評

　　本句摘自曾國藩的書信〈同治元年五月初八日致季沅弟〉。曾國藩的弟弟因與同僚雪琴一向有矛盾，因此在兄長面前批評雪琴對人態度極差，拒人千里之外不說，還往往聲色俱厲。曾國藩據此分析，認為弟弟在對待對方的態度上也好不到哪裡，也必定是聲色俱厲而不自知。他以自己和他人相處時的不和諧方式為例，希望弟弟可以藉此事來反省自己，從別人的眼中看到自己的缺點，改變自己的處世態度。

　　其實不光是曾國藩的弟弟，我們每個人都是非常善於發現別人的短處，卻對自己的缺點察覺不到。因此當別人批評我們的時候，一定要端正在態度，把對方當成自己的「諫友」看待，多加反省，認真思考對方提出的問題自己是否確實存在。如果對方所言屬實，那對方就應該是在幫我們，自己應該心存感激才對。就算對方所言不實，也可以做到「有則改之，無則加勉」。

　　人一生不可缺少的就是肯直言相諫的朋友，惟有他們，才可以使我們摒棄缺點，不斷完善自己，提升自己的綜合素質。「諫友」的益處，不言而喻。

五 　廣識英才，百人百用

1 · 高明者獎之以忠，卑瑣者馭之以嚴。

■ 翻譯

　　對於才華高明的人，要獎勵他的忠誠和廉潔；對於卑劣猥瑣的人，則要用嚴厲去駕馭他。

■ 點評

　　本句摘自曾國藩的書信〈咸豐十年八月二十一日致李瀚章〉。曾國藩在信中提到了用之道，他將人大致分為兩類，一類是才華高明的人，一類是卑劣猥瑣的人。對於前者，實施獎勵制度，獎勵他們的忠誠和清廉，這類人自尊心過強，如果得不到應有的尊重，就不會留下，因此可以對其進行加薪，並多一些誇獎和讚美；對於後者，要以嚴厲態度對待，因為他們只計較一些蠅頭小利，在利益的誘惑之下很容易變壞，因此要對其加以管制，否則他們就會變得更加放肆。

　　古人在管理人才方面很有一套。龐統是三國時期的一名「高明者」，他曾投奔孫權，但因為相貌問題而沒有得到應有的禮遇，於是拂袖而去，後又投奔劉備，劉備對他禮遇有加，於是龐統便為劉備拼死效力。

曾國藩的管理思想與劉備管理人才的思想不就有相同之處嗎？對於不同的人，應該採取不同的管理方法。從大體上來看，一個優秀的領袖人物既要用得君子，還要用得小人，只是用的方法不同而已。對於君子可以採用激勵的方法，而對小人卻要用到來嚴格的法律制度，如果放鬆對他們的管制，他們就極有可能變成壞人。

其實，曾國藩本人就是一位「高明者」，他知道對待「高明者」最好不要用責備的話，多用獎勵效果反而會更好。他的這種管理方法，著實是切中了封建人士的要害。

2．辦大事者以多選替手為第一義。

■ 翻譯
辦大事的人以多選接班人為第一要義。

■ 點評
本句選自曾國藩的書信〈同治元年四月十二日致沅甫弟〉。曾國藩在寫這封信的時候，其弟曾國荃已是萬軍之將。曾國藩在信中提到了水師攻打金柱關一役，他認為，如果當初有陸軍在金柱關支持，那麼很容易就能取得成功。當時曾國荃手中約有一萬八千人，由他本人率領七八千，而剩下的一萬人則應由其它兩位有能力的將領來帶領，這樣才是最合理的。因此，曾國藩提議曾國荃把多選接班人當成第一要義。如果確實選不到滿意的人，不如退而求其次，對其加以培養，將來或許能夠成大器。

曾國藩十分汪重培養替手，他發現優秀的人才以後會針對方的優勢和長處來加以培養，左宗棠就是他的重點培養對象之一。左宗棠一向自恃甚高，不懂得禮儀，經常出口傷人，並自詡為諸葛亮，在給別人寫信只署「小亮」二字，足以見其自大的程度。但不可否認的是，左宗棠確實是一位可塑之才，曾國藩仍將他列為自己的重點培養對象，從而為他才華的施展提供了空間。如果不是曾國藩的提拔與培養，左宗棠也不可能從一名平民百姓升到閩浙總督的位置。

《禮記·學記》中提到：「玉不琢，不成器；人不學，不知義。」如果一塊玉沒有經過加工就不能成為器皿，同樣的道理，如果一個人沒有經過培養也就不能成才，而辦大事的人便是要將一塊含著玉的石頭雕琢成一塊美玉，這時需要的不僅僅是眼光，還有巨大的勇氣。

豁達交友，有容乃大

1・情願人占我的便宜，斷不肯我占人的便宜

▋ 翻譯

寧可讓別人占我的便宜，也不願意我占別人的便宜。

▋ 點評

本句摘自曾國藩的家信〈道光二十七年六月廿日致澄侯、子植、季洪〉。曾國藩在信裡向弟弟們傳授了一些為人處世的原則，即在與人相處的時候切忌占人的便宜，同時這也是為官之道。

古人提倡「吃虧論」，認為吃虧是福。如果一個人在與人交往的時候吃了虧，別人會更願意與他交往，如此一來，吃虧就變成福氣了。鄭燮是清代著名的書畫家，他將「吃虧是福」的四字箴言送給了自己的一個晚輩親戚，箴言下面還有注解：「滿者損之機，虧者盈之漸。損於己則益於彼，外得人情之平，內得我心之安，既平且安，福即在是矣！」

身居高位的曾國藩深諳這種道理，也正因為如此，才能抵得住利

益的誘惑，最終成為一代名臣。反觀那些生怕別人占自己便宜的人，見利就貪，見名就爭，覺得只要得到了名與利，就能得到自己想到的一切，孰不知就是這樣的思想將自己拉進了沼澤之中，無法自拔，最終聲名狼藉。

其實，換個角度來說，吃虧是福是豁達的一種表現。在人際交往中，坦然地選擇吃眼前虧，以豁達的心胸面對暫時的失去，果斷捨棄小的利益，就能換取別人的信任與敬佩，建立起良好的人際關係，有利於將來取得更大的成就。

「情願人占我的便宜，斷不肯我占人的便宜」，表面上看是失去，實際上是得到。

2・大抵天下無完全無間之人才，亦無完全無隙之交情。

■ 翻譯

天下沒有一點缺陷都沒有的完美之人，也沒有完全沒有矛盾和摩擦的友情。

■ 點評

本句摘自曾國藩的書信〈咸豐十年八月十二日致沅、季兩弟〉。曾國藩八月十一日收到沅弟八月六日寄來的信，本封信是一封回覆信件。信中提到，周之翰、吳退庵等文人雖然有些自恃甚高，言辭有些狂傲，但他們有很高的天賦，其品行也不至於到達卑劣的地步，因而

只要稍加引導，就能變為得道之士。人無完人，不可強求完美。只要一個人在大的方面做正直，即使有一些小毛病，也是可以得以原諒的。

曾國藩還說過：「概天下無瑕之才，無隙之交。大過改之，微瑕涵之，則可。」世上根本就沒有十全十美的人，但是任何人都有他可取的一面。無論是做人還是交友，只要光明磊落，謙虛謹慎，人與人之間就可以互相信任，真誠相待，從而贏得別人對自己的好感，如此一來，獲得成功也就指日可待了。

現代人總是不滿意現在的生活，不滿意身邊的朋友，一直在追逐不切實際的東西，為了一個永遠也實現不了的願望弄得自己身心疲憊，以至於錯過了許多原本可以把握的機會。曾國藩從來不苛求完美，因為他知道世上根本就不存在完美。他善於因勢利導師，取其長而略其短，也正因為如此，他才換得了人才濟濟於一堂的局面。

3．取其所長，略其所短。

■ 翻譯

選擇一個人的長處，而忽略他的不足。

■ 點評

本句摘自曾國藩的書信〈同治二年五月十一日致楊岳斌〉。他在信中提到鮑超的部隊騷擾百姓，因而受到了官紳民眾們的控告。但鮑

超本人心地善良，志在報國，曾國藩選擇取其長而棄其短。只是，鮑超手下的士兵如此擾民，會給部隊帶來非常大的影響，因此曾國藩希望楊嶽斌能夠申明嚴戒。

鮑超有許多缺點，如貪利、貪名、有勇無謀等，但在當時像鮑超這樣的猛將很少，功大於過。鑒於鮑超的缺點，曾國藩並沒有將實際的地方職務交由他來擔任，把他的缺點所造成的危害降到了最低。

古往今來，許多人之所以能夠成為一代帝王，並不是他多會打仗，而是因為他能夠知人善任。《史記・高祖本紀》中載有一段劉邦與韓信的對話，韓信說了這樣一句話：「陛下不能將兵，而善將將，此乃信之所以為陛下禽也。」的確，劉邦在謀略、打仗、治理國家方面可能不及別人，但是在用人方面他卻是個中高手，他知道每一個人的長處及不足，然後將他們放在合適的位置上。

在曾國藩看來，人才是方方面面的，雞鳴狗盜之徒也有他的可取之處，啞巴的手勢打得好，盲人的聽力好。曾國藩清楚，人無完人，每個人的能力都是有限的，因而他在用人的時候會選擇「取其所長，略其所短」。

再優秀的人才也會有缺點，因此用人不可求全，正所謂：「善用人者能成事，能成事者善用人。」用人的時候既要知道下屬的優點，也要知曉他的缺點，將「君子用人如器」充分運用到現實生活當中，才能做到人盡其才、各為所用。

昌明文庫·閱讀人物 A0603017

曾國藩的智慧

編　　著	高蹤嘯	
責任編輯	蔡雅如	
發 行 人	陳滿銘	
總 經 理	梁錦興	
總 編 輯	陳滿銘	
副總編輯	張晏瑞	
編 輯 所	萬卷樓圖書股份有限公司	
排　　版	菩薩蠻數位文化有限公司	
印　　刷	百通科技股份有限公司	
封面設計	菩薩蠻數位文化有限公司	

出　　版　昌明文化有限公司

桃園市龜山區中原街 32 號

電話 (02)23216565

發　　行　萬卷樓圖書股份有限公司

臺北市羅斯福路二段 41 號 6 樓之 3

電話 (02)23216565

傳真 (02)23218698

電郵 SERVICE@WANJUAN.COM.TW

大陸經銷

廈門外圖臺灣書店有限公司

　　電郵 JKB188@188.COM

ISBN 978-986-94917-6-1

2018 年 1 月初版二刷

2017 年 5 月初版

定價：新臺幣 380 元

如何購買本書：

1. 劃撥購書，請透過以下郵政劃撥帳號：

　　帳號：15624015

　　戶名：萬卷樓圖書股份有限公司

2. 轉帳購書，請透過以下帳戶

　　合作金庫銀行　古亭分行

　　戶名：萬卷樓圖書股份有限公司

　　帳號：0877717092596

3. 網路購書，請透過萬卷樓網站

　　網址 WWW.WANJUAN.COM.TW

大量購書，請直接聯繫我們，將有專人為您

服務。客服：(02)23216565 分機 10

如有缺頁、破損或裝訂錯誤，請寄回更換

版權所有·翻印必究

Copyright©2018 by WanJuanLou Books CO., Ltd.

All Right Reserved　　　　　**Printed in Taiwan**

國家圖書館出版品預行編目資料

曾國藩的智慧 / 高蹤嘯編著. -- 初版. -- 桃園
市：昌明文化出版；臺北市：萬卷樓發行,
2017.05　面；　　公分. -- (昌明文庫. 閱讀人
物；A0603017)

ISBN 978-986-94917-6-1(平裝)

1.(清)曾國藩 2.傳記

782.877　　　　　　　　　　　　106008400

本著作物經廈門墨客知識產權代理有限公司代理，由中國紡織出版社授權萬卷樓圖書
股份有限公司出版、發行中文繁體字版版權。